教育部人文社会科学研究项目成果（21YJA850001）

全球化背景下国际化社区治理的义乌实践

董晓晨 著

浙江工商大学 出版社
ZHEJIANG GONGSHANG UNIVERSITY PRESS
·杭州·

图书在版编目(CIP)数据

全球化背景下国际化社区治理的义乌实践 / 董晓晨
著 . -- 杭州 : 浙江工商大学出版社 , 2024.6. -- ISBN
978-7-5178-6079-2

Ⅰ . D669.3

中国国家版本馆 CIP 数据核字第 2024K4G530 号

全球化背景下国际化社区治理的义乌实践

QUANQIUHUA BEIJING XIA GUOJIHUA SHEQU ZHILI DE YIWU SHIJIAN

董晓晨 著

责任编辑	王黎明
责任校对	杨　戈
封面设计	蔡思婕
责任印制	包建辉
出版发行	浙江工商大学出版社
	（杭州市教工路 198 号　邮政编码 310012）
	（E-mail：zjgsupress@163.com）
	（网址：http：//www.zjgsupress.com）
	电话：0571-88904980，88831806（传真）
排　　版	杭州彩地电脑图文有限公司
印　　刷	杭州高腾印务有限公司
开　　本	710 mm×1000 mm　1/16
印　　张	11.25
字　　数	166 千
版 印 次	2024 年 6 月第 1 版　2024 年 6 月第 1 次印刷
书　　号	ISBN 978-7-5178-6079-2
定　　价	68.00 元

目　录

绪论 ………………………………………………………………… 1

一、国际化社区治理的内涵特征 ………………………………… 2

二、国际化社区治理的重要意义 ………………………………… 8

三、国际化社区治理的现实挑战 ……………………………… 13

四、国际化社区治理的创新实践 ……………………………… 16

第一章　全球化背景下的国际化社区治理 ……………………… 20

一、全球化背景下的国际化社区治理理论 …………………… 20

二、全球化背景下的国际化社区治理实践 …………………… 32

第二章　中国国际化社区治理 ………………………………… 47

一、中国国际化社区发展 ……………………………………… 47

二、中国国际化社区特征 ……………………………………… 57

三、中国国际化社区治理模式 ………………………………… 64

四、中国国际化社区治理的问题与挑战 ……………………… 101

第三章 义乌国际化社区治理的实践案例……………………… 105

一、义乌国际化社区发展历史………………………………… 105

二、义乌国际化社区形成背景………………………………… 108

三、义乌国际化社区治理案例………………………………… 114

四、义乌国际化社区治理经验………………………………… 122

五、义乌国际化社区治理模式探源…………………………… 133

第四章 义乌国际化社区治理的策略与方法………………… 140

一、义乌国际化社区建设文化创新…………………………… 140

二、义乌国际化社区建设机制创新…………………………… 145

三、义乌国际化社区建设平台创新…………………………… 149

四、义乌国际化社区建设技术创新…………………………… 153

第五章 国际化社区的治理路径……………………………… 157

一、国际化社区治理的政策机制……………………………… 157

二、国际化社区治理的资源整合……………………………… 160

三、国际化社区治理的组织发展……………………………… 161

四、国际化社区治理的公众参与……………………………… 163

参考文献………………………………………………………… 166

绪论

随着"一带一路"倡议得到广泛的响应，中国对外国人来华创业的吸引力逐渐增强，越来越多的外籍人士选择来中国追逐中国梦。根据 2020 年第七次全国人口普查的数据，目前我国境内的外籍人士已达 84.57 万人。改革开放四十多年来，中国涌现了不少不同国家、种族、民族背景的居民共同生活的国际化社区，例如北京朝阳区麦子店国际社区，广州小北、三元里等非洲黑人聚居区，上海浦东碧云国际社区，义乌"联合国社区"等。

有学者认为，社区治理是指在一定区域范围内政府与社区组织、社区公民共同管理社区公共事务的活动。它是集体选择的过程，遵从正式制度及非正式的规范，通过协调谈判、互动协商，解决涉及居民利益的公共事务，从而推动社区发展和社会进步。[①] 与一般意义上的城市社区相比，国际化社区是中国内部社会结构和城市功能日趋复杂的产物，其发展反映了中国与外部世界关系的不断变化和国际要素的不断完善。国际化社区不是一种社区形态的"例外"，而是以其"开放、包容、多元、共融"的特征，代表了中国特大型城市或大型城市社区治理的高质量发展的方向。因此，国际化社区治理对于探索社区分类治理的有效形式和路径，推动形成更具包容性的城市发展形态具有重要的前瞻意义[②]。

---

① 魏娜.我国城市社区治理模式：发展演变与制度创新[J].中国人民大学学报，2003（1）：135-140.

② 王敏，江荣灏，林元城.跨境流动背景下族裔社区研究进展及启示[J].人文地理，2020，35（3）：1-9.

浙江义乌（以下简称"义乌"）作为我国改革开放的窗口之一，商品出口到230多个国家和地区，常住外国人口1.5万人，每年吸引境外客商超56万人次，主要来自亚洲、欧洲和非洲等50多个国家和地区，形成了多个大杂居、小聚居的国际化社区，文化异质性互动较强，社会基层治理工作面临的局面较为复杂。义乌通过加强民主管理、促进文化共融、多元主体参与治理等方式，探索出了一条行之有效的治理模式，是"义乌发展经验"的重要组成内容。

本书通过全球化背景下的国际化社区治理、中国国际化社区治理、义乌国际化社区治理的实践案例、义乌国际化社区治理的策略与方法、国际化社区的治理路径等五个章节深入剖析了全球、中国的国际化社区治理举措和案例，特别是对义乌的鸡鸣山社区（联合国社区）、五爱社区和金城社区等国际化社区进行了翔实的实地调研和访谈，深入探究了义乌国际化社区治理的方法和模式，并提出了我国国际化社区的治理路径建议。

一、国际化社区治理的内涵特征

（一）国际化社区的内涵

国际化社区，从广义上讲，是指在全球化背景下，不同国家和地区的人们因为共同的兴趣、职业、目标或生活方式而在某种程度上形成的跨越国界的社群[①]。这可以是实体的，如国际化居住区，吸引来自世界各地的居民共同生活和工作；也可以是虚拟的，如通过互联网形成的兴趣小组、专业网络或社交媒体群组，这些群体不受地域限制，成员遍布全球。

[①] 樊鹏.国际化社区治理：专业化社会治理创新的中国方案［J］.新视野，2018（2）：57-63.

本书所指的"国际化社区"更多地指向了实际的物理空间，即在某个地理位置、设计和管理上参照国际化标准，吸引并服务于来自不同国家居民的居住区。这样的社区往往注重文化的多样性和包容性，提供国际化的生活设施和服务，如国际学校、多语种服务、国际化的商业和娱乐设施等，旨在促进不同背景人士的融合与交流。总的来说，国际化社区不仅是物理空间上的集合，而且是文化交流和社会互动的平台，体现了全球化背景下城市社会结构的变化和国际化的居住趋势。

国际化社区的功能包括了居住、工作、教育、商业、医疗、文化、休闲、交通、环境保护等，形成一个自给自足的小型社会生态系统。一是居住功能。提供多样化的居住选项，从高端公寓、别墅到酒店式公寓，满足不同家庭结构和经济条件的国际居民需求。二是教育配套。建设国际学校或双语学校，采用国际课程体系，如IBDP（国际文凭大学预科项目）、AP（美国大学先修课程）等，确保孩子能接受到与国际接轨的教育。三是商业商务区。设立国际风情精品街、购物中心、艺术中心、环球美食街等，不仅满足居民日常购物和娱乐需求，也促进商务交流和涉外服务。四是健康医疗服务。配置高端诊所、国际医院或专业健康管理中心，提供多语种服务，满足国际居民对医疗保健的高标准要求。五是公共交流与文化空间。建设多功能公共建筑，用于社区活动、文化交流、宗教仪式等，如社区教堂、图书馆、文化中心，促进多元文化的融合与理解。六是户外休闲与运动设施。开发室外休闲活动场地、专业运动带、活力河道、商务高尔夫公园等，鼓励健康生活方式，促进社区居民间的互动。七是便捷交通与TOD开发。采用以公共交通为导向的开发模式（TOD），如地铁站附近的国际睦邻中心，方便居民出行，减少对私家车的依赖，促进绿色出行。八是一站式涉外服务。设立"一站式"服务中心，提供签证办理、法律咨询、税务服务等，帮助外籍居民快速融入当地生活。九是环境保护与可持续性。强调绿色建筑、生态设计和可持续发展实践，如雨水收集系统、太阳能利用、绿化覆盖率高的公共空间等。通过这些综合功能区域的规划与建设，国际化社区旨在构建一个自给自足、充满活力、宜居宜业且具有全球视野的生活环境，促进国际交流与合作，同时也为所在城市增添国际化的魅力和竞争力。

（二）国际化社区的特征

1.高比例的境外人士

国际化社区之所以被定义为"国际"，很大程度上是因为其居民构成中包含较高比例的境外人士。国际化社区中的境外人士（非本国国籍居民）户数比例通常要求达到一定标准，比如 20% 以上[①]。高比例的境外人士居住，使国际化社区成为一个微型的全球化生活环境，不仅是居住空间的集合，而且是多元文化交流与融合的平台。

2.国际化服务和设施

为了满足不同国籍居民的需求，国际化社区往往配备国际学校、跨国公司办事处、外籍医疗服务、进口商品超市以及多语种服务等。具体服务包括如下几个方面：①多语种服务。提供多语种的交流平台和信息传递，确保社区公告、服务指南、紧急通知等可以无障碍地传达给所有居民。②国际教育。建立国际学校或引入国际教育体系，提供从小学（乃至学前教育）到高中的双语或多语种教育，满足不同国籍儿童的教育需求。③医疗与健康服务。配备能够提供国际医疗保险支付服务的医疗机构，以及多语种服务的医护人员，确保国际居民能够获得与国际接轨的医疗服务。④文化与交流活动。定期举办多元文化节日庆典、国际美食节、艺术展览和文化交流活动，促进不同文化背景居民之间的理解和融合。⑤法律与咨询服务。提供涉及移民、税务、房地产交易等领域的国际法律咨询服务，帮助外籍居民解决法律问题，理解

---

① 赵晔琴.超大城市国际化社区的发展演变与治理路径——以上海的国际化社区发展为例 [J].城市发展研究，2022（8）：135-140.

并遵守当地法律法规。⑥安全保障。强化社区安全措施，包括国际标准的安保服务、监控系统以及紧急应对计划，确保居民的人身和财产安全。⑦生活便利设施。建设国际化商业中心、超市、餐饮、休闲娱乐等设施，满足国际居民对于生活品质的需求，提供家乡风味的餐饮选择和国际品牌商品。

3. 多元文化和丰富活动

社区内的居民有各自独特的文化传统、习俗、节日、语言和饮食习惯，形成了丰富多彩的文化景观。为了促进居民之间的交流与融合，国际化社区经常举办各种文化节、国际美食节、艺术展览和社交活动，增强社区的凝聚力。居民在日常生活中频繁互动，促进了文化的自然交流和学习，有助于消除文化偏见，增进相互理解和友谊。国际化社区应以内容丰富、形式多样的国际活动为出发点，营造高质量的文化环境，打造社区文化品牌，提升居民文化品位，逐步增进中外居民之间的相互了解，增强社区居民的跨文化交际能力。

4. 可持续的发展理念

国际化社区遵循国际环保标准和绿色建筑原则，推动节能减排、垃圾分类回收等环保措施，确保社区的可持续发展，追求经济、环境和社会三方面的平衡，注重资源保护和未来规划。具体包括：一是经济可持续性。鼓励社区经济发展，支持创新和创业，同时确保经济活动不会耗尽自然资源或造成环境退化。这包括促进绿色经济、循环经济和包容性增长，为所有居民提供公平的经济机会。二是提升社会包容性。确保社区内所有居民，不论国籍、文化、性别、年龄和社会经济背景，都能平等地参与社区生活，享受公共服务，并在决策过程中有发言权。这涉及多元文化融合、消除歧视、增强社会凝聚力和促进社会公平正义。三是共担环境责任。实行环境友好型政策和实践，比如推广节能减排，开展水资源管理、废物分类与回收、绿化和生物多样性保护等，确保社区发展与自然环境相协调。四是实现资源高效利用。优化社区内的资源分配与使用，包括能源、水、土地等，通过智能化和绿色技术减少浪费，提高资源利用效率。五是灾害风险减少与灾害风险适应性。鉴于气候变化带来的不确定性，国际化社区应建立韧性，提升对自然灾害和人为灾害的预防、准备、响应和恢复能力。

5. 多元族群共商机制

国际化社区鼓励国际居民参与社区治理，通过国际居民委员会等形式，让居民的声音能被听到，共同参与社区决策过程。例如：①建立多语种沟通平台。提供多语种信息和服务，确保所有居民都能无障碍地获取信息、表达意见和参与决策过程。②成立国际居民委员会或咨询小组。设立由不同国籍居民组成的委员会，作为外籍居民与社区管理者、地方政府沟通的桥梁，直接反映居民需求和建议。③组织文化敏感性培训。对社区工作人员和志愿者进行文化多样性和敏感性培训，以便更好地理解并尊重不同文化背景居民的习俗和需求。④开展国际文化节庆活动。通过举办多元文化节日庆典和交流活动，增进居民之间的相互了解和友谊，同时也作为居民参与社区生活的一种方式。⑤实施积分激励制度。采用积分兑换或其他形式的奖励机制，鼓励居民参与社区志愿服务、环保行动、公共议题讨论等活动，增强参与动力。⑥提供治理参与培训。为有兴趣的居民提供基础的社区治理和公共事务管理培训，增强他们的参与能力和意识。⑦利用数字技术。运用社交媒体、社区App等数字工具，便于居民远程参加会议、参与投票、反馈意见，提升参与的便捷性和效率。⑧实施开放议事厅制度。如上海古北市民中心，建立市民议事厅，为外籍居民提供与政府面对面沟通的平台，讨论社区管理中的实际问题。⑨促进政策透明与反馈机制。确保社区决策过程公开透明，建立有效的居民反馈机制，让居民看到自己的参与能够带来实际变化。⑩培养居民领袖。识别并培养来自不同文化背景的居民领袖，他们能更有效地动员和代表各自群体，促进更广泛的社区参与。通过这些方法，国际化社区可以促进居民的积极、有效参与，构建一个包容、活跃、共同治理的社区环境，推动社区的可持续发展。

6. 智慧社区技术

国际化社区在采用智慧社区技术方面，通常会结合其特有的多元化和国际化需求，以提升居民生活质量、加强社区管理和促进文化交流。以下是在国际化社区中智慧社区技术的几个关键应用方向：①多语言智能服务平台。开发支持多种语言的社区 App 或在线平台，为不同国籍的居民提供便捷的社区信息服务、活动报名、物业服务请求等功能，确保信息的无障碍交流。②智能安防系统。利用人脸识别、车牌识别等 AI 技术，结合国际数据保护标准，保障社区安全，同时尊重居民的隐私权，实现对人、车进出的有效管理和异常情况预警。③国际化教育资源整合。通过智慧教育平台，整合线上国际教育资源，提供远程学习平台、国际学校课程介绍、语言学习工具等，服务于社区内的国际学生和家庭。④智能环保与能源管理。利用物联网技术监测社区能耗，推广智能垃圾分类、太阳能光伏板等绿色科技，促进社区可持续发展。⑤健康医疗与紧急响应。建立包含多语种服务的智慧医疗系统，提供远程医疗服务、紧急呼叫系统，以及与国际保险公司对接的直付医疗服务。⑥智慧交通与停车管理。运用智能停车系统，如自动识别车牌、车位引导和移动支付，减少语言障碍，方便国际居民使用，同时优化社区内部交通流线。⑦文化活动与信息共享平台。创建数字化的文化交流平台，支持居民分享各国文化信息、活动预告，以及在线参与多元文化工作坊、讲座等，增强社区文化的多样性和包容性。⑧智能家居集成。鼓励并支持居民家中安装智能家居系统，如智能照明、温控、安防等，与社区管理系统兼容，提升居住体验，同时为节能减排提供技术支持。⑨社区治理与参与。利用数字化工具（如在线投票、意见征集系统，以及虚拟社区会议）促进跨国界社区治理，确保国际居民能跨越地域限制参与社区决策。⑩环境感知与适应性设计。运用 CIM（城市信息模型）等技术，进行社区环境的三维建模和数据分析，优化公共空间设计，提升国际化社区的环境适应性和美观度。通过上述智慧社区技术的应用，国际化社区不仅能提升服务效率和安全性，还能增强居民的归属感和社区凝聚力，促进不同文化背景人群之间的交流与融合。

（三）国际化社区治理内涵

笔者认为，社区治理是以公共目标为基础，以政府、社区居民、居民自治组织、社会组织和市场为治理主体，按照正式规定或灵活协议，通过协商、沟通、民主决策等方式对社区公共事务和公共利益进行管理的治理，以达到互利共赢，增进社区福祉，提高社区经济、社会、文化水平，促进社区自治的目的。

国际化社区治理应结合"国际化社区"及"社区治理"的概念，即在一个具有国际化人员构成、文化氛围和公共服务水平的社区内，在地方党政部门的领导下，社区中外居民、居民自治组织、社会组织、市场等多元主体依据社区的正式规章制度或协商的柔性约定，通过协商交流、民主决策等方式对社区的公共事务、公共利益进行有效管理，同时营造一个文化开放包容、多元主体相互协作、社区运转充满活力的社区氛围①。

二、国际化社区治理的重要意义

（一）促进文化交流与融合

国际化社区治理可以有效促进文化交流与融合。一是促进多元文化共存。国际化社区通过制定多元文化共存的政策和举办多元文化节庆活动，增强不同文化间的理解和尊重。二是搭建文化交流平台。国际化社区通常建有文化交流中心、图书馆、艺术展览馆等公共空间，为居民提供展示各自文化

---

① 张明媚. 协同治理视角下济南市国际化社区治理存在问题及对策研究［D］. 济南：山东大学，2021：19.

的场所，同时也为社区内外的文化交流活动提供便利。三是开展语言学习与教育项目。国际化社区通过学校、社区中心等机构提供外语课程和文化交流工作坊，促进语言学习和跨文化理解，为深入了解不同文化价值观和传统提供了机会。此外，国际化社区能够促进国际合作项目的开展，如学生交换计划、国际志愿者服务、跨国艺术创作等，这些活动加强了国际友好合作与理解。四是解决文化冲突与融合问题。国际化社区通过建立有效的沟通机制、文化调解服务和多元文化咨询委员会，可以及时解决由文化差异引起的误解和冲突，促进文化的和谐共存与融合。

总之，国际化社区汇集了来自不同国家和文化背景的居民，良好的治理能够促进不同文化之间的交流与理解，增进居民间的相互理解与尊重，形成多元共存的文化氛围，这不仅有利于构建和谐的居住环境，也是展现我国文化自信和开放包容形象的窗口。

（二）提升国际形象与声誉

国际化社区作为国家对外交往的微观平台，其治理水平直接反映了一个国家的城市管理水平和社会治理能力。高效、透明、包容的治理模式能够提升我国在国际社会中的声誉，增强对外吸引力，是国家软实力的重要体现，具体表现在以下几个方面：

一是展示国家治理能力。国际化社区治理水平往往能体现国家治理水平，良好的国际化社区治理体现了国家在多元化环境中的管理能力、法治水平和公共服务质量，向外界展示了一个高效、有序、和谐的国家形象。

二是促进文化交流与理解。国际化社区治理鼓励文化多样性和跨文化交流，这不仅丰富了社区文化生活，也促进了不同国家人民之间的相互理解和尊重。这种文化的开放性和包容性是国家软实力的重要体现，有助于提升国家在全球文化舞台上的形象。

三是增强国际信任与合作。成功的国际化社区治理展现了国家对外国居民权益的尊重和保护，增强了国际社会对国家的信任。这种信任为国家在国际关系中赢得更多合作机会，提升了国家在国际合作和外交领域的声誉。

四是推动经济发展与创新。国际化社区通常汇聚了来自世界各地的人才和资源，良好的治理能够吸引外国投资、促进技术创新和知识交流，为国家经济发展注入活力。

五是示范效应与经验分享。优秀的国际化社区治理模式可以成为其他国家学习的典范，通过国际交流与合作，分享治理经验和成功案例，可以提升国家在国际治理领域的影响力和话语权，树立起负责任大国的形象。

六是应对全球挑战的窗口。国际化社区经常是全球性挑战如环境保护、公共健康等问题的微型实验室。通过在社区层面有效应对这些问题，国家可以展示其在解决全球性问题上的决心和能力，从而在国际社会中树立起积极应对挑战、推动全球治理进步的形象。

总之，中国的国际化社区建设在城市管理方面具有普遍的参考价值，对促进社会文明进步具有前瞻性的探索意义。国际社会建设形成的一系列有效路径，体现了中国政治制度对多元社会文明有效治理方式的追求，将极大地丰富中国的治理经验①。

（三）推动规则制定与合作

在全球化背景下，国际化社区的治理需要遵循国际通行规则，同时也为探索跨国界治理的新模式提供了试验田。通过国际化社区的实践，我国可以积累在多元文化环境下实施治理的经验，为参与全球治理体系变革、推动构建更加公正合理的国际规则体系贡献力量。具体体现在以下几个方面：

一是规则制定与标准化。国际化社区作为小型全球化环境的缩影，其治理实践中形成的规则和标准往往具有前瞻性和示范性。这些规则涵盖居住权、

---

① 樊鹏.国际化社区治理：专业化社会治理创新的中国方案［J］.新视野，2018（2）：57-63.

公共安全、环境保护、文化多样性保护等方面，可以为更大范围的规则治理提供试验田和参考模板。总结提炼国际化社区治理经验，可推动全球或地区性规则的制定与完善，促进规则治理的国际化和标准化。

二是跨文化沟通与规则认同。在国际化社区中，不同文化背景的居民需要遵循共同认可的规则以维护社区秩序，这一过程促进了跨文化的沟通与理解。国际化社区治理实践有助于探索如何在多元文化环境中达成共识，这对于推动国际规则的普遍接受和执行具有重要意义。

三是国际合作与经验交流。国际化社区治理的成功案例往往成为国际合作的亮点，吸引国际组织、政府和其他国家的关注与学习。通过国际会议、研讨会等形式，总结国际化社区治理的经验教训，可以促进各国在治理理念、方法、技术等方面的交流与合作，推动全球治理能力的共同提升。

四是全球问题的局部解决方案。面对气候变化、移民管理、公共健康等全球性挑战，国际化社区治理提供了试验场。社区层面的创新治理实践，有助于探索解决这些全球性问题的局部方案，并通过国际合作平台推广至更多地区，形成协同效应。

五是构建全球治理网络。国际化社区治理不仅是社区内部的合作，也是国家间、地方政府间、非政府组织间合作的缩影。这些社区治理实践，有助于建立起跨越国界的治理网络，为更大规模的国际合作奠定社会基础和信任基础，推动全球治理体系的完善和效率的提升。

总之，国际化社区治理通过在微观层面的实践探索，为全球规则治理和国际合作提供了宝贵的实证基础和模式创新，有助于构建一个更加公正、包容、协作的全球治理架构。

（四）促进经济与社会发展

国际化社区通常伴随着高端人才聚集和国际资本流动，良好的治理能够吸引外资，促进本地经济发展，同时带动服务业、教育、医疗等领域的国际化水平提升，为社区内外居民创造更多发展机遇，具体包括如下几个方面：

一是社会稳定与吸引外资。高效的国际化社区治理能够创造一个稳定、有序、法制健全的社会环境，这对于吸引外国直接投资至关重要。外商通常倾向于投资那些社会秩序良好、政策透明度高、法律制度健全的地区，因为这些因素降低了商业运营的风险。

二是提升公共服务与生活质量。国际化社区往往注重提供高标准的公共服务，包括教育、医疗、交通和环境保护等，这些都是社会经济发展的重要组成部分。优质的公共服务不仅能提升居民的生活质量，还能增强社区的吸引力，促进人才流动和知识传播，进一步刺激经济活动。

三是促进多元文化交流与创新。国际化社区因其居民和机构的多样性，成为文化交流和创新的热点。良好的治理结构能够促进不同义化背景的居民和谐共处，激发创意和创新思维，这对推动高新技术产业发展、提升产业竞争力有着不可忽视的作用。

四是优化资源配置与产业升级。国际化社区的治理往往更注重市场机制与政府调控的有机结合，通过合理的规划和政策引导，优化资源配置，促进产业结构调整和升级。这有助于形成新的经济增长点，带动整个地区经济、社会的发展。

五是增强社区凝聚力与社会资本。良好的社区治理有助于建立社会信任，增强居民之间的合作精神和社会凝聚力，这些都是社会资本的重要组成部分。社会资本的积累可以降低交易成本，促进信息流通，为社会经济发展提供无形的支持。

六是促进可持续发展。国际化社区在治理过程中往往更加重视环境保护和社会责任，推动绿色经济和可持续发展项目。这不仅有助于保护自然环境，还能开辟新的经济增长模式，如绿色能源、环保技术等领域的发展。

因此，国际化社区治理通过创造稳定的社会环境、提升公共服务质量、促进文化交流与创新、优化资源配置、增强社区凝聚力以及推动可持续发展等多个方面，对社会经济发展产生积极的促进作用。

（五）强化社会共识与参与

国际化社区治理可以有效增强社会凝聚力和安全性，具体包括如下方面：

一是形成共同目标与价值观。社区治理过程中确立的共同目标和价值观是增强凝聚力的关键。当社区成员围绕着共同的目标努力时，比如环境保护、文化传承或公益事业，可以加强彼此间的联系，形成更强的集体认同感。

二是提升居民参与度和满意度。国际化社区治理通过建立互联互动和共建共享机制，可以有效提升社区凝聚力。如居民自治、公开透明的决策过程、公平的资源分配，能够提升居民的满意度和参与感，进而加强社区内部的团结。

三是解决社区问题，增强凝聚力。社区治理过程中解决居民关心的实际问题，如改善基础设施、优化公共服务、调解邻里纠纷等，能够直接提升居民的幸福感和安全感，从而增强社区内部的凝聚力。

综上所述，国际化社区治理可以有效促进文化交流与融合、提升国际形象与软实力、推动规则制定与国际合作、促进经济与社会发展、增强社会凝聚力与安全性。国际化社区治理不仅是应对多元文化融合挑战、提升国际竞争力的需要，也是参与全球治理、推动构建人类命运共同体的重要实践。

三、国际化社区治理的现实挑战

社区治理是社会治理的重要领域和基础工程，而在社区治理领域，国际化社区是最具先进性、挑战性和国际意义的特殊板块。从北京、上海、深圳等地的国际社会发展来看，国籍的多样性、文化的多样性、人员的复杂性、需求的丰富性是国际化社区治理面临的常态化问题。国际化社区治理对于探索执政党如何有效加强对日益复杂的基层社会的组织领导，以及政府如何应对未来更加多元、包容的城市发展需求，具有较强的前瞻性意义[1]。但是国际化社区治理由于多元文化冲突、语言沟通障碍、体制机制桎梏等，普遍存在如下挑战：

（一）放任主义导致种族隔离

美国为了"政治正确"，按照表面上的族群自主选择、社区自治等，掩盖了政府对社区的放任监管、民族分裂和歧视、经济与社会权利不公平等问题。因此，美国许多大城市的黑人社区给社会治安带来了极大的不稳定性。广泛接受"多元文化主义"的法国和德国，表面上尊重不同种族的文化和宗教多样性，实际上在社区层面允许形成少数民族聚集的隔离社区。在法国，巴黎的黑人社区和穆斯林社区经常遭到抢劫和暴力；在德国，有许多土耳其移民组成的独立社区。独立聚集社区与当地居民在生育率、就业机会和社会福利方面展开竞争，冲突正在加剧[2]。因此，如何在国际化社区治理中坚持中国共产党的领导，特别是引导国际居民了解中国共产党在中国的重要地位和作用，在尊重文化的前提下催生融合"公共价值"，是需要我们去探索的。

（二）外籍人员社区参与不强

外籍居民参与国际化社区治理的现状不容乐观，更多地体现在有限的、僵化的参与上，表现为参与积极性低、参与范围小、多集中于文化参与、参与缺乏双向互动。外籍居民中的"积极分子"仍然是"极少数"。参与范围狭小意味着外籍居民参与社区治理的群体通常集中在家庭主妇、老人和儿童，受国籍、年龄、职业等个人因素影响较大。外籍居民的社区参与往往带有偏

---

[1] 樊鹏.国际化社区治理：专业化社会治理创新的中国方案［J］.新视野，2018（2）：57-63.

[2] 樊鹏.社会转型与国家强制：改革时期中国公安警察制度研究［M］.北京：中国社会科学出版社，2017：7-8.

见，他们对居委会选举、决策等社区事务漠不关心，但在社区文化活动、志愿活动等方面却更为积极。居民与社区之间的沟通受语言障碍等因素的影响，主要依靠第三方力量，往往具有不稳定、不可控的特点。如何激发重视隐私权和物权的国际化社区居民参与社区事务和民主协商，成为国际化社区治理的主要挑战。

（三）涉外纠纷日益复杂多样

国际化社区的特点导致在经济利益、文化认同、制度适应等方面不可避免地产生冲突和矛盾。例如，因不同国籍、民族而产生的语言、文化的差异引起的认知差异纠纷；租房纠纷、劳资纠纷、货款拖欠纠纷等因利益冲突引起的纠纷；因外籍居民无法完全理解国内社区"进百家门、知百家情"的工作模式，一旦政策、法律宣传落实不到位，社区在实施管理的过程中就会出现因治理模式差异引起的纠纷。

（四）社区服务制度有待优化

政府主导的制度供给是社区服务合作供给的基本内容。但当前的国际化社区治理体系尚不完善，还缺乏系统、具体、细致的制度基础。有的处于有限的政策探索和尝试阶段，若不及时补足一些制度真空地带短板，则会导致社区管理问题丛生。社区治理从"一元管理"向"多元治理"转变的过程中，传统的经验主义和行政动员的方式已经无法支撑转型的重任，急需专业化的方式予以回应。

总之，今天中国的国际化社区治理，不仅是社区治理的一个示范标杆，也是中国全球视角下对世界责任的追寻，更是贯彻落实习近平总书记要求的"走出一条符合超大城市特点和规律的社会治理新路子"的历史使命[①]。

---

① 林丹.国际社区建设与移民治理研究［J］.社会建设，2021,8（6）：85-95.

四、国际化社区治理的创新实践

改革开放四十多年来，中国以开放的创新意识和强有力的治理方案，借助丰富的党群组织和政治资源，充分发挥社会组织和专业团队的力量，将中国的制度优势转化为具体的社会治理成效。对于国际社区治理，在打造"和谐宜居"城市的同时，中国也在积极探索执政党加强基层社会组织领导的方式，积累中国国家治理的空间内涵和路径经验，同时为解决国际化社区治理的全球性问题提供中国智慧和中国方案[①]。

外来移民聚居空间有着人员结构复杂、族群隔离明显、宗教文化多样、利益诉求多元等特点，这更加突显其治理的复杂性、挑战性与前沿性。为此，上海、北京、广州、深圳、杭州、义乌等地都把创新外来移民聚居空间治理作为创新社会治理的先锋试验田，并形成了各种各样的创新实践模式[②]。概言之，国际化社区治理的创新主要包括如下几个方面：

（一）国际化社区专业化治理

中国国际化社区治理过程中涌现了专业化治理的模式。以深圳蛇口街道为例，作为深圳外国人高度集中的区域，其管辖的外来人口总量在广东省排名第三，在全国排名前八，单位面积外来人口数量在全国排名第一。为扩大社区协同治理的参与范围，社区积极组织社会专业力量参与国际化社区建设和服务。蛇口街道深圳湾社区居民委员会（简称居委会）在履行自身基层居民自治组织职能的同时，面对中外居民的多元化诉求，协调专业企业、志愿服务组织等力量参与社区治理，实现社区专业化治理。例如，与深圳市南山

---

① 赵聚军，齐媛.我国国际化社区治理中的外籍居民参与——基于京津三个国际化社区的观察［J］.南开学报（哲学社会科学版），2020（3）：27-36.

② 吕红艳，郭定平.中国外来移民小社会治理研究——基于上海、义乌和广州的实证分析［J］.湖北社会科学，2019（9）：38-50，95.

区南风社会工作服务社（以下简称"南风服务社"）合作，提供专业化、智能化的服务。南风服务社的涉外社工协助社区开展外籍居民调研走访、宣传政策、在线问答、翻译服务等工作，发挥了重要作用。

同时，南风服务社在国际化社区服务中积累了对外服务经验，增强了在本地区的影响力，形成了良好的互动关系。在深圳蛇口街道，国际化社区的治理往往是通过购买服务来进行的。社区的一些非政治性业务由专业社工和服务机构承担后，居委会可以更好地回归到基层自治组织的性质，成为基层政府发现问题的主要渠道之一。在购买社会服务项目中成为实际监督者、评价者，更好地发挥自己在党政决策和资源配置中的"参谋"和"助手"作用。

（二）国际化社区共享化治理

除了引进专业力量参与国际化社区治理之外，中国许多国际化社区按照"共建共治共享"的理念进行共享化治理。例如，自 G20 峰会在杭州成功举办以来，一系列重大国际性会议和赛事活动在杭州举行，杭州的国际化进程进入"快车道"，跨国人口流动、高端人才集聚效应越发明显。为适应城市国际化发展需要，杭州提出建设"共享型"国际化社区，以开放理念开展国际化社区治理，加强社区服务包容平等建设，促进居民融合和文化融合，促进国际化社区建设成果共享，提升中外居民的获得感和幸福感。

为构建开放的社区治理结构，消除中外居民之间的隔阂，营造更加和谐、开放、包容的国际化社区氛围，杭州国际化社区以"邻里融合"为主线，积极开展"邻里节""社工节"等国际交流活动，搭建文化融合平台。同时，巧妙地将外籍居民纳入庆祝中国传统节日的文化交流活动中，如"外国人眼中的春节""元宵节英语猜谜"等，有效地促进了社区内中外居民的文化交流，让更多的国际友人不断融入社区。另外，也拓宽了国际视野，为社区居民增添了更多的乐趣。中外居民在感受国际社会文化氛围的同时，也能真正体会到中国传统文化的独特价值和魅力①。

在搭建中外社区文化交流平台的同时，杭州国际化社区还积极推动中外居民参与社区公共服务治理。例如，西湖区文鼎苑社区在组织社区活动时，积极动员外籍居民参与活动、发表意见、贡献力量。滨江区东信社区通过民主程序选举关心社区工作和公益事业的外籍居民成为大厦管理员，鼓励、支持和引导外籍居民有序参与社区事务，采用外籍居民志愿服务模式，组建志愿服务队参与社区治理。这增强了外籍居民对社区的认同感和归属感。

（三）国际化社区智慧化治理

依托快速发展的信息技术，中国开展了大量的社区智慧化治理探索。上海浦东新区是许多跨国公司和金融机构的所在地，大量的外籍人士在那里生活和工作。为促进中外居民和谐共处，提供更加优质高效的公共服务，上海国际化社区创新治理方式和方法，尝试依托"大数据＋云计算"，提高社区治理的智能化和数字化程度，构建智慧化的国际社区。

一是配备翻译机器，打破沟通障碍，让社区的普通社工和志愿者可以直接与外籍人士沟通。二是通过广泛应用新信息技术，推动社区治理手段创新，将大数据、云计算等新信息技术广泛应用于外籍人士管理和服务中，减少人工筛选和核查的工作量，能够及时掌握和更新涉外信息，提高社区各项工作的效率。为提升社区治理数字化水平，上海推出"社区云"平台系统，通过"社区治理主题数据库"连接大数据中心、政府部门及区、街道等，提升社区治理精准度和服务精准度水平。上海通过"社区云"建设，实现社区治理的智慧化融合，为"一网办公""一网管理"提供载体，实现基层治理效率提升，构建智慧、精细、高效的社区治理模式。

从上述国际化社区的挑战和创新实践来看，国际化社区治理的创新点基

---

① 张明媚.协同治理视角下济南市国际化社区治理存在问题及对策研究［D］.济南：山东大学，2021：67.

本以单点突破为主，缺乏深层次、系统化的创新实践，并且对治理体系、组织结构、资源配置、体制机制等方面并未进行深入的探讨和研究。

本书通过梳理国际化社区治理的理论，为后续的案例研究奠定扎实的理论基础。通过对其他国家的国际化社区治理历史、特点和案例的梳理，把脉全球国际化社区治理优秀做法和痛点。义乌经过多年实践，探索出了行之有效的国际化社区治理方法。然而，现有研究并没有从理论上对这些新的社会治理实践进行系统分析和提炼。本书通过文献和资料分析、访谈调查等方式，深入分析了义乌国际化社区治理历史、治理环境、治理模式和创新实践，既是对现有研究的有力补充，也是对中国特色社区治理典型样态的有益梳理。

第一章
全球化背景下的国际化社区治理

一、全球化背景下的国际化社区治理理论

（一）国内相关研究

通过对国内文献的检索，以及对国际化社区的研究发现，学者们主要研究了中国国际化社区的特征、类型、治理困境并提出相关建议。

有关国际化社区发展现状的研究。一是我国国际化社区的特点。郭圣莉等认为国际化社区具有一些重要特征，包括基础设施完善、便利，人口数量较少，外籍人士居住时长不一，外籍人士流动性强、受教育程度高、薪酬水平高等[1]。菅强认为国际化社区具有外籍人士达到特定规模，外籍人士比重在提升，社区人口不断流动等特点[2]。二是我国国际化社区的类型。杨菊华认为中国的国际化社区包括两种类型：一是以非洲裔黑人国际化社区为代表，族群结构单一，非洲裔接受高等教育比例低，以小商品生意或体力劳动为主，收入水平低，文化与我国文化差异较大；另一种类型的国际化社区，外籍人

---

[1] 郭圣莉，唐秀玲，王宁.分类治理：中国社区双重属性及其实现机制研究[J].社会科学，2023（11）：99-101.

[2] 菅强.社会转型视野下国际化社区治理路径探析——以上海市 G 社区为例[J].河南社会科学，2013，21（5）：66-68，107.

士主要来自发达国家，文化程度较高，主要从事服务、金融等行业。进一步细分国际化社区的类型，可以按照外籍人士的社会融入程度划分为隔离型、多元型、融入型、选择型、融合型五种[①]。

有关国际化社区治理困境的研究。国际化社区治理的主要困境表现为外籍人士参与度不高、国际化社区的专业人士较少、服务内容难以满足外籍人士需求等[②]。分析原因主要有如下几点：一是语言障碍和文化差异，二是法律有大的区别，三是社区服务水平、生活环境和生活氛围等存在差异[③]。

有关国际化社区治理建议的研究。一是引入专业社会工作人员，提供一条龙的便捷服务；二是充分发挥社区工作者的优势，通过志愿类的活动在社区培养一些组织，通过开展英语角、中文角等活动，提高社区居民中英文水平，促进社区居民交流，增进感情。华峰认为，要加强与政府部门合作，大力鼓励社会各界参与到国际化社区治理中[④]。林丹认为国际化社区治理更多地考虑在华国际移民的多样性、面向中外居民提供更开放的共享服务、提升日常实践中的对外交流水平，推进移民群体在中国的共融生活[⑤]。

（二）国外相关研究

国外对国际化社区的研究主要集中在跨国主义在国际移民领域的应用、国际化社区的典型模式两个方面。

国际化社区跨国主义的研究。滕尼斯（Tönnies）等认为，各国生活习惯、

[①] 杨菊华. 从隔离、选择融入到融合：流动人口社会融入问题的理论思考［J］. 人口研究，2009（1）：17-29.

[②] 林移刚，谭霞. 社会工作介入国际社区治理的模式与路径研究——以重庆市红岩村社区为例［J］. 社会工作与管理，2016，16（6）：49-56.

[③] 赵聚军，齐媛. 我国国际社区治理中的外籍居民参与——基于京津三个国际社区的观察［J］. 南开学报（哲学社会科学版），2020（3）：27-36.

[④] 华峰. 国际化社区的出现与应对［J］. 学海，2013（1）：40-45.

[⑤] 林丹. 国际社区建设与移民治理研究［J］. 社会建设，2021，8（6）：85-95.

生活理念等方面的不同会影响人们对他人的理解，导致不愿意和其他人进行沟通联系[1]。梅拉索（Meillassou）和波茨（Portes）等认为国际化社区应该注意流动过程中新关系的形成[2]。萨拉梅亚（Salamia）等认为，工作问题、语言不通以及歧视影响了移民归属于他们所在的新社会，移民所生活的地方文化种类单一，缺乏包容性，也会在一定程度上影响他们的归属感。此外，所在的社区应该营造具有多样性、包容性的文化氛围，打造舒适的生活与工作环境，促进移民服务相关机构参与，进而让他们感到自身融入所在的社区，同时也有利于他们身心健康发展[3]。费利佩（Felipe）分析了地方政府组织的关于社会认同和多样性对话研究，发现了他们关于社会认同与多样性的对话，和文献中阐述的大部分积极主动的人之间交往的理想条件相吻合，有利于促进移民融入当地居民的生活，他们相互理解和共同工作的意愿也进一步增强了。因此，居民之间相互沟通与相互帮助，并且构建比较好的关系，有利于促进社区参与[4]。

国际化社区治理模式的研究。国际上对社区管理方法的研究主要体现在三种典型模式上，即美国的自治模式、日本的混合模式和新加坡的政府主导模式。美国的国际化社区管理是一种由政府、居委会和社区居民共同参与社区治理的自治模式。在治理过程中，政府主要发挥支持作用，居委会主要发挥自治作用。社区居民参与社区治理的积极性高，同时在不同地区之间流动频繁。日本的社区治理模式是混合型的，介于政府主导和社区自治之间。它

① 吕红艳.国家作用边界：国际社区的治理困境与策略分析——基于上海 G 小区的实证研究［D］.上海：华东理工大学，2013：3.

② Portes A.The Social Origins of the Cuban Enclave Economy of Miami［J］. Sociological Perspectives, 1987, 30（4）：340-372.

③ B.Salamia, J.Salma, K.Hegadoren, et al.Sense of Community Belonging among Immigrants: Perspective of Immigrant Service providers［J］.Public Health, 2019（167）：28-33.

④ Felipe A.Filomeno. The Potential of Dialogues on Social Identity and Diversity for Immigrant Civic Integration［J］. Evaluation and Program Planning, 2019（77）：1-7.

吸收了这两种方式的特点，对它们进行了整合和协调，然后将它们结合起来。在这种治理模式中，政府很少直接干预，而主要是提供政策、资源等支持，起到监督作用。社会组织和社区居民在社区治理过程中起着重要作用。总之，在日本的国际化社区治理过程中，政府、社会组织和居民都参与其中。新加坡是亚洲移民数量众多的国家，很多移民来自马来西亚、中国、印度等，新加坡的文化和语言是多元的。为了促进各民族居民融入社会，新加坡探索了由政府主导的社区管理方式。在社区治理过程中，政府发挥主导作用，社会组织和社区居民参与其中，具有"强政府、小社区"的特点。在社区治理过程中，新加坡坚持"包容自治、以人为本、服务导向、共同参与、依法管理"的理念。政府制定发展规划，重视人才培养，通过严格的筛选程序选拔优秀的治理人才。同时，探索创新项目，促进社区治理的完善[①]。

通过对相关文献的梳理发现，目前国外对国际化社区的研究可分为跨国主义在国际移民领域的应用研究、社区管理方式研究等方面。国内对该领域的研究主要集中在国际社会的特点、国际社会面临的问题以及国际社会的管理建议等方面。

（三）研究的理论支持

国际化社区研究是一个跨学科的研究领域，它涉及社会学、人类学、地理学、政治学、国际关系以及城市规划等多个学科的知识和理论。这一领域的研究旨在理解在全球化背景下不同文化、社会结构和政治经济体系中的社区如何互动、发展与变迁。以下是支持国际化社区研究的一些关键理论框架：

1. 全球化理论

这一理论关注全球范围内经济、政治、文化和社会力量的相互依赖和整

---

① 周敏.社会嵌入视角下国际社区治理困境与对策研究——以桐梓林国际社区为例［D］.成都：电子科技大学，2022：5.

合。它解释了跨国流动（如资本、信息、人员）如何影响地方社区的结构和认同，以及地方如何响应这些全球力量。全球化理论是一个广泛的学术领域，它尝试解释和预测全球范围内经济、政治、社会、文化和环境等多方面相互联系加强的现象。以下是一些核心的全球化理论要点：①世界经济一体化理论。这一理论侧重全球经济的相互依存，包括贸易自由化、资本流动、跨国公司的作用以及全球生产链和供应链的形成。它认为市场力量和经济活动不再受限于国界，导致全球经济一体化的加深。②依赖理论。依赖理论认为发达国家的繁荣建立在对发展中国家资源和劳动力的剥削之上。它解释了为什么一些国家持续贫穷，而其他国家变得富裕。③全球化批判理论。这一理论批判在全球化进程中产生的新形式的帝国主义和控制，认为全球资本主义创造了一个无国界但高度分层的"帝国"，其中权力关系超越了传统国家界限。④网络社会理论。卡斯特尔（Castells）强调信息和通信技术在构建全球社会中的作用，他认为社会已经转变为一个由无数网络构成的系统，这些网络跨越地理界限，影响着经济、政治和文化的组织方式。⑤全球治理理论。随着全球问题（如气候变化、金融危机、难民危机）的出现，全球治理理论研究如何通过国际合作和多边机构来管理跨国性问题。⑥全球风险社会理论。这一理论指出，在全球化时代，风险（如核事故、生态危机）具有全球性，其影响跨越国界，且常常是由科技进步和工业化带来的副作用，要求有新的社会和政治应对策略。这些理论从不同角度描绘了全球化的过程、影响以及面临的挑战，为理解全球化现象提供了多元化的视角。

2. 世界体系理论

世界体系理论是由美国社会学家伊曼纽尔·沃勒斯坦（Immanuel Wallerstein）首次提出的，主要在 20 世纪 70 年代兴起并发展。这一理论是对全球范围内社会经济关系的综合分析框架，试图解释资本主义世界经济的运作机制及其对国际政治、社会结构和文化的影响。以下是世界体系理论的核心观点和特征：①全球资本主义体系。沃勒斯坦认为，资本主义不是在一国内部自然发展起来的，而是一个从16世纪开始形成的全球体系。这个体系覆盖了整个世界，其内在逻辑和动力推动了国际分工、资本积累和不平等的发展。②三区域划分。世界体系理论将世界划分为三个功能性的区域。一是中心区，包括最发达的资本主义国家，它们控制高端产业、技术和金融，从中获取高额利润。二是半边缘区，这些国家或地区兼具中心区和边缘区的特征，既是某些产业的生产者，也是其他产品的消费者，同时参与对边缘区的剥削。三是边缘区，通常指欠发达国家，主要提供原材料和廉价劳动力，处于全球价值链的低端，经常遭受剥削，难以实现自主发展。③不平等与依赖。世界体系导致了全球范围内的不平等，边缘区对中心区的经济依赖加深，这不仅限于经济领域，还涉及政治、文化和意识形态等方面，形成了维持现状的力量平衡。④体系的动态性与冲突。世界体系并非静止不变的，而是不断经历着内部的调整和冲突。当体系内部的压力积累到一定程度，例如边缘区的反抗或半边缘区的崛起，可能导致体系的重构，包括经济危机、社会运动乃至战争。⑤替代路径与变迁。虽然世界体系理论强调了全球资本主义的结构性力量，但它也承认存在变革的可能性，包括通过社会运动、国家政策或区域联盟等方式寻求更公平的国际秩序。⑥跨学科性。世界体系理论融合了历史学、经济学、社会学和政治学等多个学科的视角，提供了一种全面分析全球历史和现状的方法论。世界体系理论对后来的社会科学产生了深远影响，成为理解全球不平等、发展路径依赖和国际体系变迁的重要理论工具。

3. 文化相对主义与全球本土化

这两个概念可以帮助人们理解在全球化进程中，文化是如何既保持其独特性又经历变迁的。文化相对主义是一种理论立场，强调评价和理解文化现象应基于其特定的文化背景，而不是普遍适用的标准。该理论认为，道德、习俗、信仰和行为的意义及价值都是相对于特定文化而言的，不存在绝对的、普遍适用的真理或道德标准。这意味着，一种文化中的规范和价值观不能用来判断另一种文化中的行为是否正确或合理。文化相对主义促进了对多元文化的尊重与理解，反对文化帝国主义和文化中心主义，即认为一种文化优于其他文化的观念。全球本土化（Glocalization），又称"全球在地化"，是一个结合了"全球化"（Globalization）和"本土化"（Localization）的概念，强调在全球化进程中，产品、服务、理念和文化实践既要适应全球市场的一般需求，又要考虑到融入当地的文化特色和市场需求。简而言之，全球本土化就是在全球范围内推广的同时，注重本地化适应，使得全球化的产物能更好地与各地文化相融合，满足不同地域的个性化需求。文化相对主义为全球本土化提供了理论基础之一。在全球化进程中，企业、组织和个人需要认识到不同文化间的差异，并尊重这些差异，避免文化冲突，这正是文化相对主义的核心思想。全球本土化策略的成功实施，往往需要深入理解目标市场的文化习惯和价值观，避免文化同质化，促进文化多样性，而这正是文化相对主义所倡导的原则。因此，文化相对主义鼓励在追求全球统一性的同时，保留并尊重地方文化的独特性，这与全球本土化的实践紧密相连。

文化相对主义是一种重要的社会科学理论，特别是在人类学和文化研究领域占据核心地位。该理论起源于20世纪初，主要由美国人类学家弗朗兹·博厄斯（Franz Boas）及其学生如露丝·本尼迪克特（Ruth Benedict）和玛格丽特·米德（Margaret Mead）等所倡导与发展。以下是文化相对主义的理论要点：①核心原则。文化相对主义认为，所有的文化都应该在其自身的环境中被理解和评价，没有一种文化的价值观、习俗或信仰可以作为评价其他文化的普遍标准。它强调文化价值的多样性，拒绝任何形式的文化优越论。②反对种族中心主义。这一理论直接对抗了以西方文化为中心的种族中心主义，即认为自己的文化是唯一正确或先进的观点。它主张任何文化都不应该被视为低劣或需要按照其他文化的模式进行改革。③尊重与理解。文化相对主义鼓励对不同文化背景下的行为和信仰给予尊重和深度理解。它强调，所谓的"正确"与"错误"、"好"与"坏"是文化特定的，不能脱离其文化语境来评判。④社会行为的文化决定性。文化相对主义者认为，人的行为、思维模式和价值观主要是由其所在的文化环境塑造的。因此，理解一种行为或信念，就必须将其放置在其所属的文化背景中考察。⑤知识的相对性。这一理论还扩展到了知识的生产与传播，认为知识和真理也是由文化构建的，不同的文化可能会产生不同的知识体系和真理标准。⑥批判与应用。文化相对主义在实践中常被用于批判殖民主义、文化帝国主义，以及推动多元文化教育和跨文化交流。然而，它也面临被批评的可能，比如被指责可能忽视人权的普遍性，或过度强调文化差异而忽视了普遍的人类经验。文化相对主义对于促进全球文化的多样性和包容性具有重要意义，它促使人们在面对不同文化时采取更加开放和尊重的态度，为全球化时代的跨文化交流提供了理论指导。

全球本土化理论是一种融合全球化与本土化概念的策略和思维方式，强调在全球统一性和本土差异性之间寻找平衡点。这一理论的要点包括：①全球思考，本土行动。这是全球本土化的核心原则，意味着企业在制定全球战略时，需要考虑全球市场的一致性与规模经济，但在执行时要适应各个地区的特定文化、法律、消费者偏好和社会习俗。简言之，就是在全球视野下采取适合本地的策略。②适应性创新。全球本土化要求企业或组织在保留核心产品、服务或理念的基础上，进行适应性创新，以满足不同市场的特殊需求。例如，快餐连锁店在向全球扩张时，会根据当地饮食习惯调整菜单。③文化敏感性。在全球本土化过程中，深刻理解并尊重目标市场的文化差异至关重要。这不仅仅局限于产品调整，也体现在营销沟通、品牌形象建设等各方面，确保信息传递与接收在当地文化中是恰当的。④双向交流。全球本土化不仅仅是从全球到本土的单向传播，也是一个互动过程，即本土的反馈、创新和实践也能影响全球策略的调整，形成一种全球与本土相互学习和适应的动态平衡。⑤社会责任与可持续性。在全球本土化战略中，企业还应当考虑其社会责任和对环境的影响，确保在全球范围内运营时，能够支持可持续发展目标，同时解决地方社区的具体问题。⑥知识与信息的全球共享与地方定制。在全球化信息流通的基础上，结合地方智慧，实现知识的全球共享与地方实践的优化，提升产品、服务或解决方案的适用性和有效性。全球本土化理论的应用不仅限于商业领域，也广泛存在于教育、政策制定、社会运动、环境保护等多个领域，是全球化时代应对多样性和统一性挑战的重要策略。

4. 社会建构主义

社会建构主义理论是一种认识论和方法论的视角，强调知识、现实、意义以及社会结构并非自然给定或固定不变的，而是通过社会互动、文化背景和语言被构建和协商出来的。这一理论在多个学科领域都有体现，包括心理学、社会学、教育学、国际关系学等。以下是社会建构主义理论的关键要点：①知识的社会建构。社会建构主义者认为，知识不是独立于社会和文化之外的客观实体，而是社会互动的产物。知识的形成、传播和接受都受到社会文化背景、权力关系和语言使用的影响。②语言与意义。语言不仅是交流的工具，而且是构建现实和理解世界的媒介。维果茨基（Lev Vygotsky）的工作对此有重要贡献，他强调语言和社会互动在认知发展中的作用，认为高级心理功能（如思考）发生在社会之中，通过与更有能力的他人的互动获得。③情境认知与学习。在教育学中，社会建构主义强调学习是文化参与的过程，发生在特定的社会和文化情境中。学习者通过与他人交流、协作解决问题，在实际情境中内化知识，而非仅仅接收信息。④国际关系中的建构主义。在国际关系理论中，亚历山大·温特（Alexander Wendt）等发展的社会建构主义挑战了传统的现实主义和自由主义观点，认为国家身份、利益和行为规范是由共同的社会建构过程定义的，而非由固有的人性或物质力量决定。⑤动态的社会结构。社会建构主义理论指出，社会结构、规则和制度不是静态不变的，而是不断被社会行为者在互动中重新定义和再生产的。这包括性别角色、权力关系和文化规范等。⑥批判性视角。社会建构主义往往带有一定的批判性，它质疑所谓的"常识"和既定的社会秩序，揭示其背后的社会建构过程，从而为社会变革提供理论基础。综上所述，社会建构主义提供了一个理解世界如何通过社会互动被构建和理解的框架，强调个体、群体和社会结构之间的相互作用，并在不同领域内激发了人们对既有理论和实践的深刻反思。

5. 网络理论

网络理论关注个体、组织和国家之间的联系模式及其对信息、资源和影响力流动的影响。在国际化社区背景下，它可以用来分析跨边界的社会网络如何促进合作、知识交流和集体行动。网络理论是一个广泛的概念，涉及多个学科领域，主要包括以下几个方面：①图论与网络分析。这是数学的一个分支，研究由节点（顶点）和边（连接节点的线）构成的图结构。在社会科学、物理学、计算机科学等领域，这一理论被用来分析和理解复杂网络，如社交网络、互联网、交通网络等的结构和动态。图论为解决网络流问题、最短路径寻找、网络连通性分析等提供了基本工具。②计算机网络理论。专注于计算机之间的通信原理、协议、架构以及网络的设计、实施和管理。这包括 OSI（开放式系统互连）七层模型、TCP/IP 协议栈、网络拥塞控制、网络安全、数据封装和传输等概念。计算机网络理论是现代信息技术基础设施的基础。③社会网络分析。在社会学中，网络理论关注个体、团体或组织之间的社会关系模式，以及这些模式如何影响行为、信息传播和社会结构。行动者—网络理论（Actor-Network Theory，ANT）是其中的一个分支，强调所有实体（包括人和非人）在网络中的互动和关系构建了社会现实。④复杂网络理论。研究高度互联系统的普遍特性，如无标度网络、小世界现象、网络鲁棒性和脆弱性等。这一理论结合了图论、统计物理和计算科学的方法，适用于理解从生物网络到经济网络的多种复杂系统。⑤信息论与编码理论。虽然更侧重于信号处理和数据传输的效率，但也是网络理论的重要组成部分，特别是在通信网络的设计中，涉及如何有效编码信息以抵抗信道噪声和提高数据传输速率。综上所述，网络理论是一个跨学科的研究领域，不仅限于技术层面的计算机网络，也深入探讨社会、经济、物理等领域的复杂网络现象，为理解和优化各种类型网络提供了理论基础和分析工具。

6. 后殖民理论

后殖民理论是20世纪70年代起源于西方学术界的一种重要学术思潮，它聚焦于对殖民主义及其后续影响的深刻反思和批判。这一理论不仅仅局限于历史分析，还广泛涉及文化研究、文学批评、社会学、政治学等多个领域。以下是后殖民理论的几个核心观点和特征：①文化帝国主义。后殖民理论强调，即使在政治殖民结束之后，前殖民地国家仍然面临着来自前宗主国的文化影响，这种影响通过媒体、教育、语言和消费文化等方式持续存在。文化帝国主义导致本土文化认同受到威胁，同时加深了全球范围内文化同质化的趋势。②混杂性与模拟。理论家如霍米·巴巴（Homi k. Bhabha）推广了混杂性（Hybridity）的概念，用以描述殖民情境下文化身份的复杂性。混杂性不是简单地指两种文化元素的混合，而是一种动态的过程，经过这一过程，被殖民者既抵抗又吸纳殖民者的文化，创造出新的文化形态。模拟（Mimicry）则进一步展示了被殖民者对殖民话语的复杂反应，通过不完全的模仿，被殖民者可以既符合又颠覆殖民者的期望。③话语批判与权力关系。受福柯（Foucault）的话语理论影响，后殖民理论家分析了殖民话语如何构建并维持权力关系，指出知识生产与权力紧密相连。通过解构这些话语，后殖民理论揭示了隐藏在文本、历史叙事和日常交流中的权力动态。④去中心化与边缘声音。后殖民理论倡导去中心化，鼓励倾听和重视那些长期被边缘化的群体的声音，如第三世界国家的知识分子、女性、少数族裔等。它挑战西方中心主义，主张多元文化和知识体系的价值。⑤反身性与批判性自我意识。该理论还强调了对于自身位置和偏见的反思，要求学者和知识分子意识到自己在知识生产中的位置，以及这一位置如何可能受到殖民历史和权力结构的影响。后殖民理论的代表人物包括爱德华·赛义德（Edward Said）、霍米·巴巴、盖亚特里·斯皮瓦克（Gayatri Chakravorty Spivak）等，他们的著作如《东方学》（*Orientalism*）、《文化的定位》（*The Location of Culture*）等，对后殖民理论的发展产生了深远影响。

7. 迁移理论

迁移理论包括推拉因素理论、社会融入理论等，解释人口迁移的原因、过程及其对迁入和迁出地社会结构的影响。这对于研究移民社区的形成、适应和发展尤为关键。迁移理论主要指的是学习迁移理论，它探讨的是个体在某一情境中获得的知识、技能、态度或方法如何影响其在另一情境中学习新知识、新技能的过程。以下是几个传统的迁移理论：①形式训练说。这是最古老的迁移理论之一，强调通过训练提升人的基本心理能力，如注意力、记忆力、推理能力等，认为这些能力可以无差别地转移到其他情境中。②相同要素说。由桑代克（Thorndike）和伍德沃兹（Woodworth）等发展，主张两种情境之间的迁移发生是因为它们之间存在共同的元素或相似之处。如果两个任务有相同的元素或原理，学习一个任务将有助于学习另一个任务。③概括化理论。贾德（Kelley）认为迁移发生的机制是个体能够从特定经验中抽象出一般原理或规则，并将其应用到新的情境中，关键在于学习者是否能够理解并概括出学习情境的核心概念。④关系理论。苛勒（Köhler）通过研究提出了这一理论，认为迁移的关键在于理解事物间的关系和结构，而非个别元素的相似性。当学习者能够识别这些关系并将其应用到新的情境中时，迁移就发生了。除了这些传统理论，现代迁移理论更加关注认知策略、元认知（对认知过程的理解和控制）、情境性因素、动机和情绪等在迁移中的作用。例如，安德森（Anderson）的"信息处理迁移理论"强调了认知结构的可利用性在迁移中的作用；而布鲁纳（Bruner）的"发现学习"理论则提倡通过让学生自己发现知识来促进深层次学习和迁移能力的发展。迁移理论不仅在教育心理学中有重要应用，也被广泛应用于培训、人力资源开发、认知科学以及人工智能等领域。

这些理论为国际化社区研究提供了丰富的视角和工具，帮助研究者深入分析全球化背景下社区的多样性和复杂性。

二、全球化背景下的国际化社区治理实践

（一）新加坡的社区治理经验及特点

1. 新加坡社区治理发展阶段

新加坡的社区治理发展历史，经历了从种族隔离到多元文化融合的显著转变，这一过程与新加坡独立后的国家建设和社会整合紧密相关。新加坡社区治理发展分为 6 个阶段。

第一阶段：早期种族聚居与隔离时期。历史上，新加坡各族群之间存在着明显的居住板块化现象，华人、马来人、印度人等主要族群各自聚居，缺乏交融。这种居住模式在一定程度上加剧了族群间的隔阂。

第二阶段：人民协会的成立与发展时期。1960 年成立的人民协会（People's Association，PA）是新加坡社区治理的关键机构，它旨在通过社区活动和组织促进种族和谐，增强社会凝聚力和国家认同。PA 下设的社区中心、居民委员会等组织，成为政府与民众之间沟通的桥梁，推动了社区自治和居民参与。

第三阶段：政府主导的整合时期。1965 年新加坡独立后，政府意识到族群和谐对于社会稳定和发展至关重要。因此，政府开始实施一系列政策，旨在促进族群融合和社会一体化。1989 年，政府推出了组屋不同族群配额政策，即"种族融合政策"（Ethnic Integration Policy），要求公共住房（组屋）中各族群比例保持一定平衡，避免形成单一族群聚居区，从而促进种族混居和社会融合。

第四阶段："多元文化共处"理论的实施时期。新加坡政府推行"多元文化共处"（Multiculturalism）理论，尊重不同文化，同时强调共同价值观的塑造，如尊重法律、重视教育、勤劳敬业等，以此为基础构建国家认同，促进不同背景人群的共同参与和融合。

第五阶段：社区发展与居民参与时期。随着时间的推移，新加坡政府不断强化社区治理，鼓励居民参与社区事务，通过各种社区活动、兴趣小组、志愿服务等，增强社区凝聚力和居民对社区的归属感。同时，政府也注重社区设施的建设，如体育设施、社区俱乐部、学习中心等，提供全方位的社区服务。

第六阶段：智慧社区与科技应用时期。进入 21 世纪，新加坡还积极推进智慧社区建设，利用科技手段提升社区治理效能，包括智能安防、环保监测、在线服务平台等，以提高居民生活质量，促进社区治理的现代化。

2. 新加坡社区治理发展特点

新加坡的社区治理是一个不断进化和创新的过程，反映了政府在维护社会稳定、促进社会和谐、提升民众福祉方面所作的努力，同时也展现了其对全球化挑战的积极应对，呈现出以下几个方面的特点。

①高度组织化的社区架构。新加坡建立了严密的社区组织架构，其中心是人民协会，这是一个由政府支持的机构，负责推广社区参与和民族团结。PA 下属有居委会、社区俱乐部、青年团等，形成了多层次的社区网络，确保政府政策能够有效传达至基层，同时收集民众反馈。

②促进种族和谐。作为一个多元种族国家，新加坡在社区治理中特别注重促进不同种族、宗教间的和谐共处。通过组织种族和谐庆祝活动、设立种族和谐日等方式，增强国民对多元文化价值的认识和尊重。

③法治与秩序。强调法治精神，确保所有居民在明确的法律框架下生活，同时维持社区秩序，为居民创造安全的居住环境。

④强化社区参与。新加坡鼓励居民积极参与社区事务，通过志愿者计划、居委会选举等方式，让居民直接参与到社区的决策和管理中来，增强了居民的归属感和责任感。除社区基层组织发挥重要作用以外，新加坡还采取了其他政策措施来为民众参与公共事务提供平台。例如，2002 年新加坡政府发起"跨种族和宗教会议圈"活动，并建立了包括华人发展援助委员会、门达

基、新加坡印度发展协会、欧亚联盟在内的自助团体系统[①]。

⑤提供全面的社区服务。政府在社区内建立了完善的设施，如社区中心、体育设施、图书馆等，提供娱乐、健康、教育等多种服务，满足居民多元化的需求。

⑥信息化管理与服务。新加坡利用先进的信息技术，如电子政务平台，为居民提供便捷的在线服务，包括社区活动报名、公共服务申请等，提高了服务效率和居民满意度。

⑦精英与草根结合的治理模式。新加坡政府推行精英政治的同时，也注重听取基层的声音，通过社区联络组等机制，确保政策制定能反映民众需求，形成上下联动的治理格局。

⑧反腐败与高效政府。新加坡政府的高效廉洁也是社区治理成功的关键。严格的反贪污法律和制度，确保了公共资源的有效分配和使用，赢得了民众的信任。

3. 新加坡社区治理的启示

新加坡社区治理的成功经验为中国提供了多方面的启示，特别是在加强社会治理、促进社区和谐与提升公共服务质量方面。

①多方协作的社区治理模式。新加坡强调政府、社区组织、私人企业和居民之间的紧密合作，形成合力以解决社区问题。我们可以借鉴这种多方协作模式，促进资源的有效整合和共享，提高社区治理效率。在人民协会的指导下，公民咨询委员会、民众俱乐部、居委会等制度化的社区基层组织通过开展多样化的社区活动，促进了公民参与并在这一过程中实现了民意的上传下达。同时，在良好的社区基础设施支撑下，成立了诸如健身中心、乡村俱

---

① Chua V, Koh G, Tan E S. Social Capital in Singapore: The Power of Network Diversity [M]. London: Routledge, 2020: 24-32.

乐部、基督教青年会、托儿中心等涉及日常生活的各类组织①。

②高度的制度化和规范化。新加坡的社区治理有着完善的法律框架和规章制度，确保治理过程的透明、公正和高效。我们可借鉴其经验，进一步完善社区治理的法律法规体系，明确职责划分，增强制度执行力。

③居民参与与社区自治。新加坡政府鼓励居民参与社区决策，通过居委会等组织形式增强社区自我管理能力。我们可以完善居民参与机制，提升社区事务的民主决策水平，增强居民的归属感和责任感。

④精细管理和科技应用。新加坡政府在社区管理中广泛应用信息技术，如智能城市技术，提高服务效率和响应速度。我们可以加大科技在社区治理中的应用力度，如大数据分析、物联网技术等，实现精准服务和智慧管理。

⑤社区服务与设施建设。新加坡的"邻里中心"，提供一站式社区服务，满足居民多样化需求。我们可学习此模式，优化社区服务设施布局，打造集文化、教育、体育、养老等多功能于一体的社区服务中心。

⑥文化与社区凝聚力。新加坡注重多元文化的融合与社区精神的培养，通过各种文化活动增强社区凝聚力。我们在社区治理中也应重视文化因素，促进社区内部的文化交流和融合，构建和谐的社区文化环境。

⑦环境与可持续发展。新加坡在环境保护和可持续发展方面的严格管理为全球所称道。我们在推进社区治理时，也应加强环境保护意识，推广绿色生活方式，促进社区的可持续发展。

借鉴新加坡社区治理的成功案例，结合中国自身国情，我们可以进一步推动社会治理体系和治理能力现代化，构建更加和谐、高效、可持续的社区环境。与中国不同的是，除了国家主导的社会组织外，新加坡也鼓励和扶持各类具有自治性质的社团和志愿者组织发展，这类社会组织可以从社区基金会获得资源，所开展的事务也更加贴近社区居民的兴趣和需求。国家主导类

① 袁方成，耿静.从政府主导到社会主导：城市基层治理单元的再造——以新加坡社区发展为参照 [J].城市观察，2012（6）：124-134.

的组织和自主类的组织相结合，保证了社区的稳定，同时也增强了居民的参与意愿，促进了社区社会资本的产生。但同时，随着经济的不断发展，也要看到新加坡所面临的贫富差距扩大、族群矛盾显现、新老移民隔阂等问题，这些问题对社区治理共同体建设提出了新的挑战[①]。

（二）美国的社区治理经验及特点

1. 美国社区治理发展阶段

美国社区治理的发展历史可以追溯到 19 世纪末，经历了从初步形成到逐步专业化、制度化的过程，下面是一些关键的发展节点。

第一阶段：家庭护理起源。1877 年，美国纽约的弗朗斯·鲁特（France Root）成为第一位受雇的职业家庭护士，标志着专业护理服务在社区中的萌芽。这反映了社区开始关注居民的健康需求，并尝试通过专业人员来提供服务。

第二阶段：社区护理兴起。1885—1886 年，家庭护士协会在布法罗、费城和波士顿相继成立，标志着社区护理作为一种组织形式开始出现。家庭护士协会不仅提供了护理服务，也促进了护理专业知识的传播和护理质量的提升。

第三阶段：保险与护理结合时期。20 世纪初，纽约的都市人寿保险公司将家访护理纳入保险项目，这不仅体现了对社区护理效用的认可，也标志着商业与护理服务开始结合，推动了护理服务的商业化发展。

第四阶段：公共卫生运动时期。20 世纪初的公共卫生运动，如减少传染病、改善环境卫生等，促使社区护理进一步发展，社区护士在家访中不仅提供临床护理，也开始承担起健康教育和疾病预防的责任。

[①] 王新松，付云翠，杨若辰. 以培育社会资本为路径构建城市社区治理共同体：基于国际经验的比较研究［J］. 社会治理，2023（6）：108-120.

第五阶段：社区治理的民主化与组织化时期。随着时间的推移，美国社区治理逐渐表现出民主化、组织化和社会多元化的特征。20世纪中叶以后，随着城市化的加速，邻里组织和社区治理结构开始形成，居民参与社区决策的机制得到加强。

第六阶段：政策与法律支持时期。美国政府通过立法和政策支持，如社区发展法案、住房援助计划等，推动了社区治理结构的完善，促进了社区发展项目的实施，增强了社区服务能力。

第七阶段：现代社区治理时期。进入21世纪，美国社区治理更加注重居民参与、多元化服务和社区可持续发展。社区组织、非营利机构、私营部门和政府之间的合作日益紧密，共同应对来自社区安全、教育、健康、环境等多方面的挑战。

综上所述，美国社区治理的发展是一个从个人服务到系统化、专业化，再到强调居民参与和多元合作的过程，反映了社会变迁对社区服务需求的影响，以及社区自身对这些变化的适应和创新。

2. 美国社区治理发展特点

美国社区治理呈现出以下特点：

①公民参与。美国强调社区治理中的公民自治，鼓励居民通过社区协会、非营利组织积极参与决策过程，增强社区凝聚力。

②灵活的治理结构。允许社区根据自身特点建立多样化的治理结构，如邻里协会、业主协会等，增强治理的灵活性和针对性。

③公共服务外包。利用市场化机制提供公共服务，如垃圾回收、绿化维护等，提高服务效率和质量。

3. 美国社区治理的启示

美国社区治理模式为其他国家提供了多方面的启示，表现在促进公民参与、强化服务提供及促进社区发展等方面。

①多元化参与和自治。美国社区治理强调居民、非营利组织、企业及各级政府之间的合作，形成了多元化的参与体系。这启示我们应鼓励和支持更多社区成员参与到决策过程中，增强社区的自我管理能力，切实提高社区医疗服务递送效率。在社区文化方面，纽约市皇后区公共图书馆开设社区数字记忆"Queens Memory"项目，通过搜集皇后区居民的个人口述历史、照片和生活记录等信息并保存到项目网站上，强化居民的社区归属感和认同感[①]。

②促进公民参与。美国社区鼓励居民通过公民协会、社区会议等形式直接参与社区事务，增强居民对社区事务的关心和责任感。这意味着我们在社区治理中应注重增强公民意识，促进公众对社区事务的讨论与决策参与。美国居民的基层民主协商基于镇民大会制度（Town Hall Meetings），乡镇居民通过镇民大会这种直接民主形式参与到集体利益决策中。与镇民大会类似，城市社区采取社区听证会来进行协商决策，议题主要聚焦于社区预算、社区福利、教育、医疗等方面。通常在涉及居民重大利益问题的解决或决策前，由社区委员会召集社区听证会，社区居民、政府代表等参加，并设有公众代表发言和公众作证环节[②]。

③非营利组织的角色。美国社区中非营利组织扮演着重要角色，它们在提供社会服务、促进社区发展等方面发挥着不可或缺的作用。我们可以从中学到如何培育和依靠非营利组织来补充政府服务，提高服务质量和效率。纽约的每个社区都拥有众多非营利组织，为社区提供各类社会服务。20世纪80年代以来，美国非营利组织在数量、影响力等方面都大幅提升。

④服务的层次化与专业化。美国社区护理的演进表明，从一级预防保健到二级和三级医疗保健，服务逐渐向社区转移并变得更加专业化。我们可以

---

① 余昕红，许春漫.美国公共图书馆构建社区数字记忆的实践与启示——以纽约市皇后区公共图书馆"Queens Memory"项目为例［J］.图书馆学研究，2022（11）：86-93.

② 王堃，张扩振.西方地方治理中的协商民主制度构架［J］.学术界，2014（6）：70-83，306-307.

考虑如何将更广泛的服务从集中式的机构转移到社区层面，以提高可及性和效率。

⑤技术和创新的应用。美国社区治理积极采用新技术和创新方法，如电子政务、智能社区建设等，提高了治理的透明度、响应速度和服务水平。我们可以借鉴这一经验，利用数字化手段优化社区管理和服务流程。例如，纽约"311"市民服务系统使居民能够通过电话、网络、社交媒体及App随时向政府反馈意见，投诉社区环境、卫生、供暖等问题，政府也会高效解决问题。在社区医疗方面，"健康纽约App"通过健康服务地图为市民提供全面、具体、实时的在线公共卫生服务设施信息，帮助社区居民开展健康监控和疾病康复等工作①。

⑥权力下放与地方自主权。美国的权力下放制度给予地方政府和社区较大的自主权，增强了决策的灵活性和适应性。我们可考虑适当下放权力，使社区能够根据自身实际情况制定政策和提供服务。

⑦社区教育与终身学习。美国社区教育的成功展示了如何通过多样化的教育和培训项目，促进居民个人成长和社区整体素质的提升。我们可加强社区教育资源的建设，推动学习型社区的形成。

通过学习美国社区治理的这些经验，我们可以探索适合自己国情的社区治理模式，促进社区的和谐发展和居民福祉的提升。

（三）欧洲的社区治理经验及特点

1. 欧洲社区治理发展阶段

欧洲社区治理的发展历史悠久，其演变历程深受社会、经济、政治变革的影响，大致可以分为几个关键阶段。

---

① 肖华斌，郭妍馨，王玥，等. 应对高温健康胁迫的社区尺度缓解与适应途径——纽约清凉社区计划的经验与启示［J］. 规划师，2022（6）：151-158.

第一阶段：中世纪时期，封建制度下的自治。欧洲的社区治理往往基于封建制度下的地方自治，城镇和乡村拥有一定的自治权，通过地方领主、行会、教会和市民议会共同管理社区事务。

第二阶段：近代早期，国家集权与地方改革。随着民族国家的兴起，尤其是 16 世纪至 18 世纪，许多欧洲国家加强了中央集权，国家开始在社区治理中扮演更重要的角色，但地方自治传统在某些国家依然得以保留。

第三阶段：近代中后期，地方治理结构改革。近代早期的思想影响了社区治理的理念。例如，法国大革命期间提出了"自由、平等、博爱"原则，推动了地方治理结构的改革，试图平衡国家权力与公民权利。

第四阶段：工业化与现代社会福利国家。19 世纪工业革命后，城市化进程加速，带来了大规模的人口流动和城市问题，如住房短缺、公共卫生危机等，促使欧洲各国开始发展现代公共服务体系，如教育、卫生和福利制度。20 世纪初至"二战"后，欧洲许多国家建立了福利国家制度，政府在社区治理中的角色进一步加强，承担起提供广泛社会服务的责任，如社会保障、公共住房等，旨在减少社会不平等和提升居民生活质量。

第五阶段：当代多元治理与社区参与。一是地方分权与社区复兴。自20 世纪末以来，随着全球化和欧洲一体化的推进，欧洲国家普遍经历了地方分权改革，更多权力下放给地方政府和社区，鼓励居民参与社区决策，促进社区发展的多元化和个性化。二是环境与可持续性。21 世纪以来，环境保护和可持续发展成为欧洲社区治理的重要议题，如法国的"以法治景"方针，强调社区环境治理的法治化和参与性，体现了对生态环境的重视。三是国际化与多元文化。随着移民潮和欧洲一体化加深，欧洲社区越来越多元化，社区治理面临如何促进文化融合、保障少数族裔权益的新挑战，推动了多元文化政策和服务的出台。

总的来说，欧洲社区治理的发展史是一部从传统地方自治走向现代国家干预，再逐渐向地方分权与社区自主参与演进的历史，其间伴随着对社会公正、公共服务、环境可持续性的不断追求。

2. 欧洲社区治理发展特点

欧洲社区治理的特点体现了其深厚的历史积淀、民主价值观、社会多元化以及对公民参与的重视，具体特点可概括为以下几点。

①多元主体参与。欧洲社区治理强调政府、非政府组织、居民团体、志愿者组织、私营部门等多元主体的合作与共同参与。这种多中心的治理结构有助于整合各方资源，提高决策的包容性和代表性。

②权力下放与地方自治。欧洲各国普遍实行程度不同的权力下放制度，赋予地方政府和社区较大的自主权，使决策更贴近民众需求，提高服务的灵活性和效率。德国的联邦制和法国的地方分权改革都是典型例子。

③强调居民参与和直接民主。欧洲社区鼓励居民直接参与社区事务，通过居民大会、公民投票、参与式预算等形式，让居民在决策过程中拥有发言权。瑞士的直接民主制度尤为突出，经常以全民公投的形式决定重大事项。

④服务导向与社会福利。欧洲社区治理重视提供高质量的公共服务，如教育、医疗、社会福利等，旨在保障所有居民的基本生活，减少社会不平等。福利国家的理念深深嵌入社区治理之中。

⑤文化多样性与包容性。面对日益多样的文化，欧洲社区治理注重促进不同文化、宗教和民族之间的对话与融合，通过实行多元文化政策、举办文化节庆、开设语言课程等措施，增强社区的包容性和凝聚力。

⑥环境与可持续性。环境保护和可持续发展是欧洲社区治理的重要组成部分。许多社区推动实行绿色政策，如节能减排、循环经济、绿色交通等，鼓励居民参与环保行动，共同营造可持续的生活环境。

⑦法治与透明度。欧洲社区治理在法律框架下运行，强调规则的透明度和公正性。社区决策过程遵循明确的程序，信息公开，接受公众监督，确保治理的合法性和公信力。

⑧创新与技术应用。欧洲社区积极探索治理创新，利用数字技术提升治理效率，如电子政务、智能城市项目等，同时注意保护个人隐私和数据安全。

这些特点反映了欧洲社区治理致力于构建一个包容、民主、高效、可持续的社区环境，力求在复杂多变的社会环境中，实现社会公正与和谐。

3.欧洲社区治理的启示

欧洲社区治理的实践为我国提供了丰富的启示，特别是在以下几个关键领域。

①多元主体协同治理。欧洲社区往往形成政府、非政府组织、私营部门和居民团体等多元主体共同参与的治理结构。这提示我们在社区治理中应加强跨界合作，促进不同利益相关者的沟通与协作，共同解决社区问题。

②强化居民参与和直接民主。欧洲国家普遍重视居民在社区决策中的作用，通过公民大会、参与式预算等机制增强居民的参与感和决策权。我们可以借鉴这一经验，进一步开放参与渠道，确保社区项目和政策更能反映居民需求。

③权力下放与地方自治。欧洲的经验显示，适度的地方自治和权力下放能提高决策的针对性和效率。我们可以继续深化行政体制改革，明确各级政府职责，给予社区更多自主管理的空间。

④社会服务与福利供给。欧洲社区治理中，社会福利和公共服务的高水平供给是重要特征。我们在推进社区治理时，应注重提高服务质量，扩大服务覆盖面，特别是加大对弱势群体的支持，构建更加包容和公平的社会保障体系。

⑤文化多样性和包容性。欧洲社区在处理多元文化方面积累了丰富经验，强调尊重差异、促进融合。我们的社区治理也需重视文化多样性，通过文化活动和教育促进不同文化背景居民之间的理解和尊重。

⑥环境保护与可持续发展。欧洲社区普遍关注环境问题，推行绿色政策和可持续生活方式。这对我们社区治理的启示是要加强环境保护意识，推广节能减排措施，构建生态友好的社区环境。

⑦科技创新与智慧社区。欧洲一些社区通过数字化手段提升治理效率，

如智能城市技术的应用。我们应加快社区治理的信息化进程，利用大数据、人工智能等技术优化社区服务，提高居民生活质量。

综上所述，欧洲社区治理的多元、民主、高效和可持续性特征，为我国社区治理提供了宝贵的参考和借鉴，有助于推动我国社区治理模式的创新和发展。

（四）日本的社区治理经验及特点

1. 日本社区治理发展阶段

日本社区治理的发展历史体现了从传统家族和地域纽带向现代制度化、专业化转变的过程，同时也融合了对传统文化的保护和对现代需求的响应。以下是一些关键点。

第一阶段：二战后重建与社区基础建设时期。二战后，日本在废墟中重建，社区治理的一个重要起点是基础设施的恢复与建设。随着经济的快速发展，政府开始重视社区服务和设施建设，如学校、公园、医疗机构等，为社区治理打下了坚实的物质基础。

第二阶段：法律与制度框架的建立时期。日本政府通过一系列法律和政策来规范和促进社区治理。例如，1993年颁布的《老人保健法》推动了家庭访问护理工作的制度化，强化了对老年人和病患的精神与身体照护，体现了社区层面的健康照顾和社会福利制度。

第三阶段：市民运动与社区营造时期。从20世纪中后期开始，日本经历了市民运动的兴起，社区居民开始积极参与环境保护、历史建筑保护等公共事务，形成了自下而上的社区营造运动。这些运动弥补了政府在某些领域的不足，增强了社区的自我组织能力。

第四阶段：社区发展与居民参与时期。随着时间的推移，日本政府鼓励居民更多地参与到社区治理中，如通过居民会议、志愿者活动等形式，增强居民的归属感和社区活力。同时，地方政府与非政府组织、社区团体的合作日益密切，共同解决社区问题。

第五阶段：文化与自然资源的保护时期。日本社区治理还特别注重对文化和自然资源的保护，通过"文""地""产"（文化资源、自然资源、生产资源）三个维度的综合发展，促进社区的可持续发展和独特性保护。

第六阶段：灾害应对与社区韧性时期。鉴于日本地震、海啸等自然灾害频发，社区治理中融入了强大的灾害预防、应急准备和灾后恢复机制，增强了社区的韧性，居民和社区组织在灾害响应中发挥着重要作用。

第七阶段：智慧社区与技术应用时期。近年来，日本社区治理也在向智慧化转型，利用信息技术提高社区服务效率，如通过智能监控、在线服务平台等工具，加强社区安全，提高居民生活质量。

综上所述，日本社区治理的发展历史是一个从国家主导到居民参与、从单一服务提供到综合性社区建设、从应对现实挑战到前瞻未来需求的动态过程，体现了政府、市场和社会三方面的合作与互动。

2. 日本社区治理发展特点

日本社区治理体现了高度的自律性、自主性等特征，具体如下：

①自律性。日本社区管理的一个显著特点是自律性，即居民在社区建设与完善中发挥主体作用。20世纪中后期，随着经济高速发展和社会城市化，居民对环境问题日益关注，日本政府鼓励居民参与社区治理，赋予社区自治组织更多自主权和自治功能，以确保居住环境的安定与长期发展。

②自主性。社区治理中强调居民和社区组织能够根据自己的意愿和需要自由表达、独立决策，自主开展活动，同时承担相应的责任与义务。这体现在居民组织的民间团体和自治组织在日常管理与社区建设中的活跃角色。东京市在社区基层既有町内会、自治会、社区营造研习会等具有官方背景的组织，也有各类非营利社会组织，为社会资本的培育提供了组织基础。町内会最早可追溯到明治维新时期的社区自治组织，其职能分为对内的居民自治和对外的行政辅助，对内包括调节邻里关系、维护和建设町内基本公共设施等

职能，对外包括传达政府行政指令、协调政府与民众的关系等职能^①。

③混合型治理模式。日本社区治理采取的是"小政府、大社会"的模式，即政府与民间社会共同参与，政府起到规划、指导和提供资金支持的作用，而具体的实施则大多由社区居民组织的民间团体和自治组织负责。这种模式平衡了政府引导与居民自治，实现了官方与民间的有机结合。

④公民馆的特色。公民馆作为日本社区教育的核心机构，体现了社区治理中对居民教育和公民意识培养的重视。它是自治、自由经营的，定期举办市民讲座，实施公民教育，促进居民之间的交流与社区文化的传承。

⑤灾害管理与社区韧性。考虑到日本自然环境的特殊性，社区治理还特别强调灾害预防、应急准备和灾后恢复，展现出社区在面对自然灾害时的高韧性、居民和社区组织在灾害响应中的主动性和协调性。

⑥技术支持与智慧社区。随着技术的进步，日本社区治理也在向智慧社区转型，利用信息技术提高服务效率，提高居民生活质量，增强社区的安全性和便捷性。

综上所述，日本社区治理强调居民的主体地位，注重政府与民间的协作，以及通过制度设计和文化传承促进社区的自我管理和可持续发展。

3.日本社区治理的启示

日本社区治理的经验对我国有诸多启示，主要体现在以下几个方面：

①居民参与和自治。日本社区重视居民的主体地位，鼓励居民参与社区决策和活动。由此大量非政府组织和非营利组织开始涌现，涵盖社会福利、教育、养老、环保等各个方面。其中有些组织依靠政府提供的资金和技术支持来促进社区环境、服务和文化等方面的改善；有些组织为动员和组织公众

---

① 刘培功.新型城镇化视角下边缘社区包容性治理研究［D］.苏州：苏州大学，2018：85-88.

的社会力量提供技术和资金支持，发挥政府和企业不可替代的作用①。这启示我们应加强居民自治组织的建设功能，通过居民会议、志愿者团体等形式，提升居民对社区事务的参与度和责任感。

②混合型治理结构。日本的社区治理模式是政府引导与居民自治相结合，政府提供指导和资源，而居民和民间团体负责具体实施。我们可借鉴这种模式，促进政府与社会力量的协同，形成互补优势。

③细致的社区规划与管理。日本社区在规划上注重细节，如社区环境美化、公共设施布局等，都体现出人性化和便利性。我国的社区建设应更加注重规划的科学性和实用性，提升居民的生活品质。

④社区健康与养老服务。日本社区健康管理与养老服务较为完善，特别是针对老年人的健康检查、生活支援和护理服务。我国可学习其系统性的健康管理框架和针对重点人群的健康管理策略，应对人口老龄化的挑战。

⑤灾害应对与韧性建设。鉴于日本频繁遭遇自然灾害，其社区建立了高效的灾害预警、应对和恢复机制。我国的社区治理应加强防灾减灾教育，建立应急预案，增强社区的灾害应对能力和韧性。

⑥智慧社区技术应用。日本在社区治理中广泛应用信息技术，如智能化安全管理、信息平台等，提高社区服务的效率和智能化水平。我国的社区治理可借鉴推广智慧社区建设，利用科技手段提升治理效能。

⑦文化与社区认同。日本社区重视文化传承与社区精神的培养，通过文化节庆、社区教育等活动增强居民间的联系和社区认同感。我国的社区治理应注重对文化内涵的挖掘与传承，构建具有地方特色的社区文化。

综上所述，日本社区治理的启示在于强调居民参与、政府与社会合作、细致规划、健康养老、灾害管理、智慧技术运用以及文化传承等多方面，这些经验为我国社区治理现代化提供了清晰的学习方向。

---

① 王名，李勇，廖鸿，等．日本非营利组织［M］．北京：北京大学出版社，2007：59-75.

第二章
中国国际化社区治理

一、中国国际化社区发展

（一）国际化社区主要分布

随着经济全球化和对外开放程度的加深，中国各大城市，尤其是北京、上海、广州、深圳等一线城市，出现了越来越多的国际化社区。这些社区吸引了大量外籍人士居住，提供了国际学校、涉外医疗服务、多语种服务等国际化设施与服务，以及符合国际标准的生活环境，促进了中外文化的交流与融合。国际化社区空间内人员背景及文化的多样性特征也经常被提及，也有学者进一步区分出"某一国籍或族裔外籍居民为主体"的社区与"多个国籍和族裔的外籍居民杂居"的社区，即"一元国际化社区"与"多元国际化社区"[①]。我国的国际化社区主要分布在一些大型城市及经济发展水平较高、对外交流频繁的地区，这些社区吸引了大量的外籍人士居住，并且提供了与国际接轨的生活配套设施和服务。以下是国际化社区分布情况简要介绍：

[①] 菅强.社会转型视野下国际化社区治理路径探析——以上海市G社区为例［J］.河南社会科学，2013，21（5）：66-68，107.

1. 上海

古北国际化社区，位于长宁区，是上海最早且最成熟的国际化社区之一，以其完善的国际学校、涉外公寓、购物商场和餐饮服务著称。

联洋国际化社区，位于浦东新区，以高档住宅、国际学校和良好的生态环境吸引众多外籍家庭。

碧云国际化社区，位于浦东新区，以其宽敞的绿地、国际学校和良好的居住环境闻名。

新江湾城，虽然可能不如前三者国际化程度高，但也因其生态宜居环境和高端住宅而受到关注。

2. 北京

北京的国际化社区较为分散，但集中在朝阳区、海淀区等区域，如三里屯、朝阳公园周边、顺义的别墅区等，这些地方因靠近国际学校、大使馆区而成为外籍人士聚居地。北京市朝阳区不仅是北京市经济强区，而且是首都重要的外事活动区，"聚集了近 100% 的外国驻华使馆、全市 90% 的国际传媒机构、80% 的国际组织和国际商会、70% 以上的国际投资性公司和地区总部、65% 以上的外资金融机构、50% 的外籍人口"，具有国际化程度高、社会关注度高的显著特征以及国际资源聚集、外国人口众多的突出特点。根据《北京城市总体规划（2016 年—2035 年）》，朝阳区东部、北部地区应"强化国际交往功能，建设成为国际一流的商务中心区、国际科技文化体育交流区、各类国际化社区的承载地"，切实加强国际化社区服务管理，不断创新工作体制和工作机制，这自然成为朝阳区经济社会发展的必然要求。

3. 广州

珠江新城、天河北等区域拥有较多的国际化社区，这些区域因商业繁荣、交通便利和国际教育资源丰富而受到外籍人士青睐。

《广州市国际化街区试点建设名单》公布，将在越秀区二沙岛片区等12 个国际化街区开展试点建设，打造一批具有国际水准、广州特色且功能完备、资源集聚、开放包容、和谐宜居的国际化街区样板，推动高水平建设国际交往中心。国际化街区（社区）是具有国际化水准的城市公共空间。随着广州对外开放水平持续提升，前来学习、工作或定居的外籍人士越来越多。2022 年 3 月，广州市出台了《关于推进国际化街区试点建设的实施意见》，着眼将国际化街区打造成国际交往中心建设的重要支点，注重将国际化街区建设与社会治理、人才服务、广州形象宣传相结合，并赋予其配套设施、公共服务、人才服务、多元参与、融合治理、宣传推广 6 方面 15 项重点任务，同时，该意见明确 3 个阶段目标："十四五"期间，选定 10–15 个街区进行试点；2025 年，国际化街区首批试点基本建成；2035 年，国际化街区成为广州高水平对外开放的重要支点[①]。

4. 深圳

在深圳，一个个"国际味"十足的"微社会"正悄然形成。随着《深圳市国际化城市建设重点工作计划（2014–2015 年）》的公布，"国际化典型社区"这一概念被正式提出并付诸实践，作为中国最大移民城市的深圳正在尝试将多元的世界文化引入社区建设与管理。

目前，深圳正大力推动建设福田东海、水围，罗湖百仕达，南山沿山、水湾，龙华观澜湖，盐田梅沙，龙岗华为这 8 个"国际化典型社区"，并以此为试点进行推广，以提升全市社区的国际化水准。

2022 年 5 月，作为深圳外国人最密集的社区之一的南山区招商街道沿山社区，差不多居住了南山超 6 成的外国人士，辖区内现居住着 47 个国家和地区 2700 名左右的外籍人士，占社区总人口的 10％。深圳第一个按照国际化标准打造的沿山社区诞生了深圳最早的"国际屋"，在全市首先建立起

---

① 罗艾桦. 广州 12 个国际化街区（试点）亮相 [N]. 人民日报海外版，2023-01-12（04）.

"外国人社区服务站"，除了开展文化派对，还为外国居民提供法律宣传、生活指引等服务。而另一个以"最多韩国居民"著称的福田东海社区正在打造福田"国际村"，20多位外国友人成为社区义工，并成立了深圳首个"国际友人联络站"，租房和居住登记等都可找联络站寻求帮助。

与起步较早的沿山和东海相比，龙华观澜湖与龙岗华为国际化社区异军突起。龙华新区探索国际化社区服务新模式，推出若干特色项目，例如"汉语桥"服务，包括汉字学习、口语练习、历史赏析；社区服务中心面向国际友人开展"城市适应性小组"服务，内容包括如何乘坐地铁、就医等；试点设立的国际旅游咨询服务中心力争按照国际理念建成全市首家、面向国际的宣传推广窗口。华为国际化社区则主打高科技和低碳环保牌。免费无线网络及多样化的网络服务已覆盖整个社区，人才智慧库目前已完成信息采集样表制作，下一步将对各层次各类别人才进行全面调查摸底，分类纳入人才智慧库①。

5. 义乌

2021年，央视财经的数据统计显示，义乌作为我国改革开放的窗口之一，商品出口到230多个国家和地区，常住外国人1.5万人，每年吸引境外客商超56万人次，义乌外籍人士中非永久居留的占比更是高达90%以上，其中一部分已在当地社区居住5年甚至10年以上。义乌江东街道下辖东苑、商博、流赐和鸡鸣山等16个社区委员会，第七次人口普查有34.85万人，域内散居外籍人士6000多人，涉及全球100多个国家和地区，是浙江省社区居民结构最复杂的"联合国社区"。鸡鸣山社区党委充分发挥社区党建引领作用，积极营造开放包容、和谐文明的社区新风，实现了本地户籍居民与外地户籍居民、汉族居民与少数民族居民、中国居民与外国居民和谐共处，成为全国

---

① 吴亚男.深圳以"国际化典型社区"为试点提升全市国际化水平［N］.深圳特区报，
2023-06-08（A07）.

基层社区治理的一面旗帜。

6.其他城市

在成都、杭州等城市，随着经济的快速发展和对外开放程度的加深，也有许多具有国际特色的社区，如成都的高新区、杭州的钱江新城等。

这些国际化社区通常拥有完善的国际化服务设施，如国际学校、外籍医疗机构、进口商品超市等，还提供多语种服务，旨在为居住在内的外籍人士提供一个舒适、便利的生活环境，同时促进中外文化的交流与融合。

（二）国际化社区发展情况

1.加强政策引导与法规建设

中央及地方政府逐渐重视国际化社区的治理，加强顶层设计与规划，制定长远的国际化社区发展规划，明确发展目标、功能定位和空间布局，确保国际化社区建设与城市总体发展战略相协调，规划应包括双（多）语环境建设，提供国际教育与医疗服务、文化设施等。出台政策支持与激励，如出台优惠政策吸引外资企业和国际人才，包括税收减免、住房补贴、子女教育优惠等，同时鼓励社会资本投资国际化社区建设，提供融资支持和土地使用便利，旨在优化外籍居民的生活和工作环境，如简化签证和居留手续、完善涉外法律服务等。同时，部分地区开始探索制定专门针对国际化社区管理的地方性法规和规范。

典型案例：全国首部以"社区发展治理"为主题的地方性法规

2019年年初，在成都市第十七届人大二次会议期间，44名成都市人大代表联名提出3件议案，希望尽快制定社区发展治理地方性法规。

为深入贯彻落实党中央、四川省委和成都市委社区发展治理部署和要求，全面总结提升成都社区发展治理实践，积极响应各界人士要求推动社区工作立法的呼声，成都市人大常委会将社区发展治理纳入年度地方立法计划，历时近 2 年，制定了全国首部以"社区发展治理"为主题的地方性法规——《成都市社区发展治理促进条例》（以下简称《条例》），经四川省人大常委会批准，于 2020 年 12 月 1 日正式施行。

《条例》是全国首部聚焦"社区发展治理"领域，采用"促进条例"形式，旨在为城市发展转型和社会治理创新提供中长期发展指引的地方性法规。《条例》共 7 章 52 条，分为总则、社区发展、社区治理、社区服务、保障与监督、法律责任、附则，明确了成都市首创"社区发展治理"定义和原则，完善了社区发展治理制度体系，健全了社区发展治理保障监督机制，严格责任追究确保法规制度有效实施[1]。

2. 服务体系国际化

社区服务体系国际化是指将社区服务的标准、内容、方式及管理等方面与国际先进理念和做法接轨，以满足国际居民的需求，提升社区的全球吸引力和竞争力。为了满足国际化社区居民的多元化需求、提升公共服务国际化水平，政府和市场力量共同推动了服务设施的国际化升级，包括国际学校、国际医院、多语种公共服务平台等，以及开设外语服务的政府办事窗口。同时，强化社区内的公共安全、环境卫生、交通出行等基础设施建设。首先是语言与信息的国际化。提供双语或多语服务，包括社区标识、公共服务信息、官方网站及宣传材料等方面，确保外籍居民能够无障碍获取信息和服务。其次是服务内容与标准国际化。引进国际先进的社区服务理念和标准，如国际认证的教育、医疗、养老、休闲娱乐等服务设施，确保服务质量达到国际水平。

改革开放以来，来上海的外国人数量呈波动增长趋势。从来源地看，居住在上海的外籍人士主要来自日本、美国、韩国、法国、德国等发达国家及中国周边国家。从类型上看，在职人员和随行家属是上海移民人口的主体，

---

[1] 张家华（记者）.《成都市社区发展治理促进条例》施行[N].法治日报，2020-12-15（02）.

如外资企业工作人员、外国专家等是全球化、跨国主义浪潮下的"新移民"，这些人具有高学历、经济条件好、流动性强等特点。移民学者一般用"高技能移民"和"跨国精英"的概念来描述这一群体[1]。

典型案例：上海美邻苑居民区的"IN TO FOR"治理品牌

美邻苑居民区管辖的9个小区中有8个为涉外小区，总户数3514户，常住人口8212人，其中外籍居民占比较高，外籍居民来自不同国家，宗教信仰、生活理念、环境氛围、工作模式等方方面面存在诸多差异，社区最大的特点是"差异性"和"国际化"。居民区围绕"IN TO FOR"做品牌，在管理和服务上下功夫，把外籍居民当作自己的"屋里厢宁"，让社区更International、更Fashion。

在社区服务方式上，建设国际服务团队，探索多元化服务机制，开展国际居民专业化服务，提高外籍居民满意度；在配套服务设施方面，社区公共服务设施要尽可能接近或接近国际化社区创建标准，让外籍居民成为华漕建设发展的"检查员"。

居委会通过"借力"相关职能部门、寻求社会组织"赋能"，在丰富内容和提升服务质量上下功夫。为居住在社区的中外居民更了解上海、了解大虹桥、了解华漕，定制《华漕生活H·Life》双语杂志，设计"Huacao 123 tips"生活指南，包含了居住证、驾照、手机卡、银行卡办理和医疗、公共服务渠道在内的7项生活小提示，让外籍居民更真切地感受到生活在华漕的便利。

3. 文化交流与融合

国际化社区的文化交流与融合是一个复杂而细腻的过程，旨在促进不同

---

[1] 塞缪尔·亨廷顿.我们是谁？ 美国国家特性面临的挑战[M].程克雄，译.北京：新华出版社，2005.

文化背景的居民相互了解、尊重、学习，并共同创造一个包容、和谐的多元文化环境,促进文化多样性和中外文化交流成为国际化社区治理的重要内容。我国国际化社区通过以下几个方面的努力，持续推动文化融合：一是建立文化交流平台。定期举办国际文化节、艺术展览、音乐会、美食节等活动，为不同文化背景的居民提供展示和分享各自文化的舞台,增进相互了解和欣赏。二是教育融合。在国际学校或社区教育中心提供多元文化教育，让孩子们从小接触和理解不同文化，培养全球公民意识。同时，开设语言交换俱乐部或课程，鼓励居民学习其他语言，通过语言学习促进深层次的文化交流，打破语言障碍。三是运用媒体与信息传播技术。利用社区网站、社交媒体和社区公告板等媒介，分享多元文化故事、节日庆祝信息、文化小贴士等，拓宽文化交流渠道。四是尊重与保护少数文化。确保所有文化在社区内得到平等对待和尊重，保护和传承少数民族和少数文化群体的传统，避免文化同化现象。同时，鼓励社区在保持传统的同时，勇于创新，接纳新文化元素，形成独特的国际化社区文化，促进文化的动态融合与发展。

4. 社区自治与参与

多元主体协同治理是国际社区有效治理的实践路径之一。其中，党政组织发挥主导作用，引导社会力量共同参与到社区治理实践之中。境外人员服务站（移民融入站）作为国际社区中特殊的社会工作形式在社区治理中发挥着社区服务和外籍人口管理的双重作用。涉外社工为社区治理提供专业支持。外籍居民一方面作为社区治理的客体获得社区服务，另一方面也作为社区志愿者积极参与到社区治理过程之中。可见，社区党组织、居委会、社区中外居民、涉外社工、社会组织、物业机构等多元主体共同参与社区治理、协同合作，有效提升了社区治理的效能和水平。[①] 国际化社区的自治是指在多元

---

① 赵晔琴.超大城市国际化社区的发展演变与治理路径——以上海的国际化社区发展为例
  [J].城市发展研究，2022（8）：135-140.

文化背景下，社区成员共同参与决策和管理社区事务，促进社区和谐与发展的过程。为了有效地实现国际化社区的自治，我国在国际化社区的治理工作中主要做了以下几个方面的努力：一是构建多元参与机制。建立一个包容性强的参与平台，确保来自不同国家、文化、种族和语言背景的居民都有机会参与社区的决策。二是加强跨文化沟通与教育。通过工作坊、培训和社交活动增进居民间的相互理解和尊重。教育不仅是语言能力的提升，还包括对文化习俗、宗教信仰和社会规范的理解。三是成立国际化社区组织。成立由多元文化背景居民组成的社区组织或委员会，负责监督和执行社区自治的相关事宜。这些组织应体现公平代表性和决策的透明度。四是搭建灵活的自治架构。设计一个既能反映国际特色又能适应不同文化需求的社区自治架构。这可能意味着在传统的居委会基础上增加特别顾问小组，专门处理跨文化问题。五是构建冲突解决机制。建立有效的冲突调解和解决机制，处理因文化差异可能引发的矛盾。这包括设立跨文化调解员和利用社区内部的纠纷解决程序。六是跟踪持续评估与反馈。定期评估国际化社区自治的效果，收集居民意见和建议，根据反馈进行调整和优化，确保自治模式能够随社区发展和居民需求变化而调整。

义乌外来人口具有来源广泛、构成复杂、流动性强的特点。在国际化社区治理方面，义乌也像其他城市一样，建立了管理与服务并重的治理体系。然而，义乌不断探索和创新对外国人的服务和治理模式，逐步形成开放、包容、多元、互动的包容性治理生态[1]。

典型案例：义乌后宅街道——社区"百花齐放"绘就基层治理新画卷

2020 年，浙江省首个移民事务服务站——金城移民事务服务站在后宅街道金城社区揭牌成立，并邀请外籍社区志愿者参与社区工作，促进国际社

---

①吕红艳，郭定平.中国外来移民小社会治理研究——基于上海、义乌和广州的实证分析[J].湖北社会科学，2019（9）：38-50，95.

区融合发展。"外籍志愿者参与社区工作，代表着一种全新的基层社会治理模式。有了他们的参与，社区工作更容易让外籍居民接受。"后宅街道相关负责人介绍。在金城移民事务服务站的中外居民融合实践中，义乌逐渐摸索出了行之有效的"以外调外"的涉外解纷工作法，并在全市推广。

外籍居民积极参与基层社会治理，是"枫桥经验"不断解答新时代课题的生动实践。后宅街道党工委相关负责人表示，接下来，将不断探索国际社区的涉外法治实践，努力打造更美、更好、更和谐的国际社区，为义乌打造中国式现代化县域示范提供坚实的基层力量。

5. 安全与环境治理

国际化社区的安全管理和环境美化是重点，通过加强社区警务、智能监控、垃圾分类和环境保护等措施，提升居民的生活质量和安全感。在安全管理方面，一是构建了多元化安全网络。建立包括社区警务、居民自组织、专业安保公司和国际安全标准在内的多元化安全管理体系。利用现代科技，如视频监控、智能门禁系统等，提高安全防范能力。二是强化跨文化安全教育。针对国际化社区的多元文化特性，开展跨文化的公共安全教育和应急演练，确保信息传递无语言障碍，增强所有居民的安全意识和自我保护能力。三是构建紧急响应机制。建立快速反应的紧急事件处理机制，包括多语种报警系统、紧急疏散指示、国际救援联系方式等，确保在紧急情况下迅速有效地应对。四是加强社区巡逻与监控。组织定期的社区巡逻，结合智能监控系统，及时发现并处理安全隐患，同时保持对社区环境的日常监督。五是加强社区国防安全管理。社区国防安全管理是指在一个特定的社区内采取的一系列措施，以增强居民的国防安全意识，确保社区居民能够在国防安全方面作出贡献，并能够有效地应对可能发生的国家安全威胁。社区作为国家的基本单元，其安全直接关系到国家的安全和稳定。社区需要制定相应的规章制度，以确保政令畅通，保证各项工作顺利开展。定期举办国防安全知识讲座，增强居民的安全意识。编制和修订各类街道级预案方案，包括人民防空应急方案和保障计划。加强指挥场所建设和管理，完善指挥所编成，确保在紧急情况下能够迅速响应。确保国防动员资源的有效配置，畅通国防动员"最后一公里"。

典型案例：青海国际化社区升级改造

青海西海岸新区借鉴浙江、广东深圳等先进地区的国际化社区建设经验，结合新区实际，印发了《关于推进西海岸新区国际化社区建设试点工作方案》，明确打造国际化社区的场景标准和建设路径。该方案涵盖组织架构、国际化资源运用、服务设施、服务人员、社区文化交流、标识标牌、社区服务、社区治理、社区环境、社会影响等多个场景。截至目前，已编制完成第一个居住型国际化社区建设项目——海信罗浮湾项目建设实施方案，且该方案已获新区管委（区政府）批复；完成中韩服贸港和国际服务中心建设，商品消费、服务消费、服务配套、公寓等相关业态功能齐全完备；对标杭州、成都等地的先进做法，改造瑞源·名嘉汇、瑞源·名嘉荷府等项目，总面积约120万平方米，涉及住户6000余户。

6. 信息化管理

运用大数据、云计算等信息技术手段，提升社区管理的智能化水平，如开发国际化社区专属App，提供一站式信息服务，方便居民获取社区资讯、参与社区活动。

总体而言，我国国际化社区治理正处于发展阶段，正努力构建更加开放、包容、高效和人性化的治理体系，以适应快速变化的国际环境和居民需求。

二、中国国际化社区特征

中国国际化社区建设近年来取得了显著进展，中国国际化社区具有如下特征：

（一）高度重视智慧化社区发展

中国政府高度重视智慧社区的发展，将其视为城市管理现代化和提升居民生活质量的关键环节。自 2022 年起，随着《关于深入推进智慧社区建设的意见》的发布，智慧社区建设的总体要求、重点任务和保障措施得以明确。目标是到 2025 年，基本构建起网格化管理、精细化服务、信息化支撑的社区管理体系。智慧社区利用物联网、大数据、云计算等信息技术，实现社区管理智能化、服务便捷化、安全高效化，提升居民的幸福感和安全感。我国智慧社区建设近年来取得了显著成就，体现出以下特点和发展趋势：

1. 技术应用广泛

随着大数据、人工智能、物联网等技术趋于成熟，我国智慧社区在软硬件建设上取得了实质性进展。通过安装智能摄像头、智能门禁系统、智能停车、智能环境监测等设备，实现了对社区安全、环境、服务等方面的智能化管理。同时，运用互联网平台，居民可以方便地进行线上缴费、查询信息、享受远程医疗服务等。

2. 服务功能多元化

智慧社区提供的服务覆盖了政务、商务、教育、医疗、娱乐等多个领域，形成了综合性的服务生态系统。社区 O2O 服务、B2F 电子商务系统的建立，让居民足不出户即可享受便捷的生活服务，提高了居民的满意度和生活质量。

3. 社区治理现代化

智慧社区建设不仅提升了居民生活的智能化水平，也推动了社区治理模式的创新。通过大数据分析，社区管理者能够更精准地了解居民需求，及时响应问题，提高了治理效能。同时，智慧社区平台成为居民参与社区事务、表达意见的新渠道，促进了社区自治和政府基层管理的现代化。

4.个性化需求满足

智慧社区建设注重满足居民的个性化需求，通过收集和分析居民数据，提供定制化服务方案，如针对老年人的健康管理、紧急救助服务，针对儿童的安全监护等，提升了服务的针对性和有效性。

5.绿色生态建设

智慧社区在发展过程中，还注重绿色、节能、节水和环境保护，推动建设低碳环保的社区环境，如采用智能照明、垃圾分类回收系统等，体现了可持续发展的理念。

随着城市化进程的加快和居民对高质量生活环境需求的提升，智慧社区市场规模不断扩大，吸引了大量投资，涌现了一批代表性的企业，如彩生活服务集团等，它们在智慧社区产品和服务方面不断创新，推动行业快速发展。总体而言，我国国际化社区正在向更加智慧化、人性化、绿色化的方向迈进，不仅改善了居民的生活品质，也促进了社区治理的现代化转型。

（二）不断优化支持政策和举措

我国国际化社区的建设得到了国家和地方政府的高度重视与政策支持，旨在通过一系列措施促进社区的国际化发展，提升城市的国际竞争力和吸引力，包括优化外籍人士在华工作和居住的政策环境，提供便利化的行政服务，以及促进社区内多元文化的交流与融合，以下是一些关键的政策支持点：

1.开放政策与便利化措施

为了吸引外资企业和外籍人才，政府推出了多项开放政策，比如简化外籍人员工作许可和居留手续、优化签证政策、提供税收优惠等，为国际化社区的形成和发展创造了良好环境。

2. 优化营商环境

各地政府致力于优化营商环境，包括提升政务服务效率、强化知识产权保护、建立健全法律服务体系等，为国际企业提供公平竞争的市场环境，间接促进国际化社区的建设。

3. 国际教育资源引进

鼓励和支持国际学校和双语学校的建设，为外籍人员子女提供教育便利，这是国际化社区建设中的重要一环。许多城市都有政策支持国际教育项目，包括土地供应、资金补助等。

4. 住房与社区设施建设

政策鼓励房地产开发适应国际化需求，提供符合国际标准的住宅、商业设施和公共空间。例如，北京市顺义区依托 HICOOL 全球创业者峰会和"海创城"建设，打造国际化社区，促进人才集聚。

5. 文化交流与融合政策

推动多元文化融合，举办国际文化节、艺术展览、体育赛事等，促进中外居民的文化交流，营造包容和谐的社区氛围。政府要支持建立多语种服务平台，便于外籍人士获取信息和服务。

6. 健康与医疗服务国际化

推进涉外医疗服务体系建设，包括引进国际医院、支持医疗机构提供双语或多语种服务，确保外籍居民享有高质量的医疗服务。

7. 智慧城市建设融合

将国际化社区建设融入智慧城市发展框架，利用物联网、大数据等技术提升社区管理和服务的智能化水平，打造智慧型国际化社区。

8. 政策法规透明化

明确并公开与外籍人士相关的法律法规，提供多语种政策解读，确保政策的透明度和可获取性，增强外籍居民的法律安全感。例如，为打造宜居宜业之城，义乌市委、市政府对标省委提出的营商环境优化提升"一号改革工程"，持续致力于优化营商环境，在打造国内国际双循环战略节点过程中，以国际一流营商环境样板城市为目标，以国际综合服务体系建设为牵引，开展多维度、深层次、宽领域探索实践，不断优化城市国际化涉外服务。义乌市委外事工作委员会审议通过《义乌市优化国际化营商环境涉外服务十项举措》，内容包括工作居留便利、外商生产经营、涉外法律服务、国际融合社区、涉外医疗就诊、国际青年创业、信息发布共享、人文氛围营造、政策咨询和政务出海、外国人落地荣誉感十个方面，具有聚焦高频需求、丰富服务平台、彰显国际融合等特点[①]。

9. 社区参与与治理

鼓励外籍居民参与社区治理，设立多元参与机制，如国际居民咨询委员会，让国际声音能够在社区决策中得到体现。

10. 促进经济与产业融合

支持跨国公司在国际化社区设立研发中心、区域总部，推动产业链国际对接，促进经济开放与创新合作。

综上所述，我国国际化社区建设的政策支持是全方位的，涵盖了教育、住房、医疗、文化、营商环境等多个方面，旨在构建一个开放、包容、高效、宜居的国际生活和工作环境，构建一个开放包容、互联互通、服务高效的国际化社区环境，促进全球化背景下的人才流动、资本汇聚和文化交流。

---

① 陈宇鹏. 多元族群社会与互嵌型社会的构建——以义乌的实证研究为例［J］. 北方民族大学学报（哲学社会科学版），2018（6）：113-118.

（三）不断探索多主体共治模式

在国际化社区的治理中，中国积极探索多元共治模式，鼓励居民自治、社会组织参与和政府指导相结合，形成具有中国特色的国际化社区治理结构。同时，注重提升社区服务的专业化和国际化水平，确保不同文化背景的居民都能得到满意的服务。国际化社区的治理结构需要考虑到其成员的多元化特征，确保治理机制既能反映国际标准，又能满足不同背景居民的需求。

1. 多元化治理主体

国际化社区的治理通常涉及政府、居民、社会组织、企业及外籍居民代表等多方主体，形成多元共治的格局。政府发挥指导和监管作用，同时鼓励居民自治和第三方机构的参与。

2. 居民参与机制

强调居民，特别是外籍居民的参与，通过居民大会、社区理事会、志愿者组织等形式，让居民直接参与到社区决策、服务监督和公共事务管理中来。鼓励涉外居民参与制定社区公约，增强其归属感和责任感。

3. 专业管理团队

配备了解国际规则、具备跨文化交流能力的专业社区管理人员，负责日常运营和服务，定期接受国际化服务相关的培训，以提升服务质量。

4. 第三方评估

引入独立的第三方机构进行社区治理状况的评估和反馈，确保治理过程的透明度和公正性，及时调整和改进治理策略。

5. 信息化平台

利用智慧社区技术建立统一的信息服务平台，提供多语种服务，方便居民获取信息、参与社区活动、提出建议和反馈，同时提高社区管理效率。

综上所述，国际化社区的治理结构应是一个开放、包容、高效、互动的体系，旨在通过多方协作，实现社区的和谐发展，满足国际居民的多元需求。

（四）加强多元文化融合与交流

国际化社区成为展现中国文化多样性和促进中外文化交流的重要平台。通过组织文化节、国际论坛、语言交换等活动，不仅让外籍居民感受中国传统文化的魅力，也为中国居民提供了了解世界的窗口。国际化社区的文化交流是促进不同文化背景下居民相互理解、尊重与融合的重要途径。以下是一些有效的做法：

1. 举办文化节庆活动

定期举办国际文化节、美食节、艺术展览和音乐会，邀请不同国家的居民展示各自的文化特色，促进文化体验和交流。设置手工艺、舞蹈、音乐等文化体验工作坊，让参与者亲手制作或学习异国文化的表现形式，体验文化的多样性和魅力。

2. 组织语言交换计划

组织语言学习小组或实施语言伙伴计划，鼓励居民互相学习对方的语言，通过语言学习深入了解对方的文化背景。在社区内开设国际学校或语言班，提供多元文化的教育环境，同时开展国际学生交流项目，促进青少年之间的文化交流。

3. 举办主题讲座与研讨会

定期邀请文化学者、外交官、国际组织代表等开展跨文化交流的讲座和研讨会，增进居民对各国历史、艺术、社会习俗的了解。通过教授和品尝不同国家的美食，居民不仅能学习烹饪技艺，也能深入了解食材背后的文化故事和饮食习惯。

4.志愿服务与社区服务

鼓励不同文化背景的居民参与社区志愿服务，如环境保护、公益活动等，共同为社区发展贡献力量，增进彼此间的情感。实施国际家庭配对计划，组织国际家庭之间的一对一交流活动，通过家庭聚会、节日庆祝等方式，让不同文化背景的家庭在日常生活中增进了解和友谊。

5.建立文化场所与网络平台

收集各国文学、历史、艺术等领域的书籍和多媒体资料，为居民提供一个了解和探索不同文化的场所。利用社交媒体和社区专属网络平台，分享各国文化故事、节日庆典、生活习俗等信息，搭建线上文化交流的空间。

通过上述做法，国际化社区可以有效促进文化多样性的发展，构建一个开放、包容、和谐的社区环境，增进居民之间的相互理解和尊重。

三、中国国际化社区治理模式

（一）上海国际化社区治理模式

1.上海国际化社区治理的发展历程

上海国际化社区的发展史见证了中国城市化进程中的开放与变革，特别是伴随经济全球化和上海作为国际大都市地位的不断提升，国际化社区的兴起、发展与治理经历了几个显著阶段。

（1）初创与兴起

上海最早的国际化社区之一是古北新区，它在 20 世纪 80 年代末至 90

年代初开始成形，吸引了众多外籍人士居住。这一时期，随着改革开放的深入，上海吸引了大量外资企业和外籍员工，为国际化社区的形成奠定了基础。这些社区通常拥有较高标准的居住条件、国际学校、涉外医院等配套设施，初步满足了外籍居民的生活需求。这一时期是中国改革开放深入发展的关键阶段，也是上海作为中国对外开放窗口加速国际化的起始点。以下是这一阶段的一些关键特征和发展动向。

①政策背景：随着 20 世纪 90 年代初浦东开发开放战略的实施，上海迎来了前所未有的发展机遇。在政策上取消住房实物分配、内外销房并轨等措施，促进了房地产市场的繁荣，为国际化社区的建设提供了政策土壤。

②古北新区的典范作用：上海首个大规模的国际化社区——古北新区，在这一时期开始建设并逐渐成形。作为上海首个面向外籍人士的高端住宅区，古北新区配备了国际学校、涉外医院、进口商品超市等国际化设施，吸引了大量外籍居民入住，成为上海国际化社区的标志性区域。

③物业管理的引入：随着国际化社区的兴起，国际化的物业管理模式被引入中国，标志着物业管理行业开始与国际接轨。初期的国际化社区引入了高标准的物业管理服务，包括多语种服务、专业维护、安全保障等，提升了居住环境的质量。

④社区治理的初步探索：在这一阶段，社区治理的概念开始萌芽，但主要集中在基本的物业管理层面。随着外籍居民的增多，如何在社区管理中融入国际元素、尊重和适应不同文化背景居民的需求，成为新兴议题。

⑤法律与政策的适应性调整：为了适应国际化社区的发展，上海市政府及相关机构开始逐步调整和完善相关法律法规，如住房、签证、教育、医疗等方面的政策，以更好地服务于外籍居民。

⑥文化融合的初步尝试：虽然这一阶段的文化交流活动相对有限，但社区开始尝试通过节日庆典、文化交流活动等促进中外居民之间的互动与理解，为后来更加深入的文化融合打下了基础。

总之，上海国际化社区治理的兴起阶段，是伴随着改革开放的深入和国际化进程的加快，通过政策引导、市场驱动、服务升级和初步的文化融合尝试，逐步构建起具有国际水准的社区管理和生活环境。这一过程为后续国际化社区的成熟发展和治理模式的创新奠定了基础。

（2）发展与成熟

进入 21 世纪，上海的国际化社区进一步发展并走向成熟。除了古北新区，长宁区的虹桥地区、徐汇区的部分区域以及杨浦区的新江湾城等地也逐渐形成了新的国际化社区。这些社区不仅对硬件设施进行不断完善，而且在治理模式上也日益体现出国际化特征，如引入国际化的物业管理、社区服务和多元文化交流活动。例如，荣华居委会的"融工作法"就是一种尝试，通过不断深化和提升社区治理水平，促进了中外居民的融合。这一阶段的特点在于社区规模的扩人、治理结构的完善、服务品质的提升以及文化融合的深化。以下为该阶段的几个关键发展动向。

①多样化国际化社区的形成：继古北新区之后，上海的国际化社区逐渐扩展至联洋、碧云、新江湾城、森兰、大虹桥等多个区域。这些社区各有特色，如联洋和碧云以高品质住宅和国际学校著称，新江湾城强调知识型和生态型社区建设，大虹桥则依托交通枢纽优势发展成为新的国际商务居住区。

②治理模式的创新与成熟：随着国际化社区的增多，社区治理模式不断创新，形成了政府指导、社区自治、居民参与的多元治理体系。社区组织和居委会更加注重跨文化交流，采用国际化标准进行社区管理，如提供多语种服务、设立国际居民咨询平台等。

③公共服务与设施的国际化：教育、医疗、商业等公共服务设施进一步国际化，增加了双语甚至多语种服务，引进国际教育资源和医疗机构，满足外籍居民的需求。同时，社区环境美化、绿化率提升，公共空间更加注重人性化设计。

④智慧社区的建设：随着信息技术的发展，智慧社区成为趋势，运用物联网、大数据等技术提升社区安全管理、环保节能、生活便捷性，如智能安防系统、在线服务平台等，增强居民生活的便利性和安全性。

⑤文化融合与社区活动：国际化社区内频繁举办各类文化节日庆典、国际美食节、艺术展览等，促进不同文化背景居民的交流与理解。国际化社区还鼓励居民自发组织兴趣小组、志愿服务团队，增强社区凝聚力和居民的归属感。

⑥可持续发展与环保理念：在社区规划和日常管理中融入绿色建筑、垃圾分类回收、节能减排等环保理念，推动可持续发展，符合国际社会对生态友好社区的期待。

⑦政策与法规的完善：政府不断出台和完善相关政策，保护外籍居民权益，简化外籍人才在沪工作和生活的手续，如放宽签证政策、优化税收优惠等，吸引更多国际人才定居上海。

上海国际化社区的发展与成熟，不仅体现了城市国际化水平的提升，也展示了中国城市治理能力和开放包容态度，为全球城市的社区建设提供了宝贵的经验。

（3）面临的挑战与转型

上海作为中国最重要的国际化大都市之一，在过去的几十年里经历了快速的城市化进程，并吸引了大量的外籍人士居住，逐渐形成了国际化社区。随着上海城市发展战略的变化和社会经济的发展，这些社区也面临着一系列转型与挑战。

转型方面，一是面临社会治理模式的转变。从政府引导—市场主导—社会缺位转变为政府主导—市场驱动—社会参与，社会治理在国际化社区建设中的作用日益增强。二是城市规划与空间布局的转变。根据"十四五"规划，上海正重新评估其发展目标和外部环境的变化，探索新的发展空间和潜力区域。在"上海2035"城市总体规划的指导下，上海正在构建多层次的城市体系，以优化市域空间格局。三是资源配置功能的升级。提升企业的全球资源配置能力，加强市场机制的作用，遵循国际规则，提高上海在全球资源配置方面的地位。

挑战方面，一是社会治理创新。如何有效管理多元文化的融合与冲突，建立和谐的社区环境，如何平衡社区内不同群体的利益需求，促进社会公平与包容性发展。二是区域协同发展。在城市外部，加强上海与周边城市的协同发展，提升长三角地区的整体竞争力。在城市内部，要实现区域间的均衡发展，避免资源过度集中导致一些社会问题。三是资源配置与企业能级。要有足够规模和能力的企业作为全球资源配置的主体，需提升本土企业的国际竞争力，培育领军型国际化品牌企业。四是社区融合与社会服务。境外人员的大量流入可能给社区管理和公共服务带来压力，应聚焦如何确保国际人才的社会融入和服务需求得到满足。五是特定区域改造。如提篮桥片区的改造，需要处理好历史建筑保护、文化传承与现代化功能转型之间的平衡。六是国际人才吸引与保留。应聚焦探讨如何在激烈的国际竞争中吸引和留住国际人才，为上海的持续发展注入活力。

综上所述，上海的国际化社区在转型过程中既有机会也有挑战，需要通过政策调整、制度创新和社会治理模式的优化来克服困难，实现可持续发展。

2. 上海国际化社区治理的特点

上海国际化社区治理的特点体现了其国际化、专业化、多元化和智慧化的发展趋势，具体表现在以下几个方面：

（1）国际化标准与服务

上海国际化社区注重引入国际先进的治理理念与标准，提供多语种服务，如社区公告、服务指南、紧急联络等，确保外籍居民能够无障碍地获取信息和服务。同时，国际学校、涉外医疗机构等配套服务的完善，满足了国际家庭的需求。一是提供多语种服务。提供英语及其他主要国际语言的公共服务信息和服务，确保外籍居民可以无障碍地获取社区公告、政策指导、医疗服务信息等，包括但不限于官方网站、电话咨询、公共服务窗口等。二是提供国际教育与医疗。引进或建立高标准的国际学校，提供与国际接轨的教育体系，满足外籍家庭子女的教育需求。同时，设有国际医院和诊所，配备外籍医生，提供多语种医疗服务，满足国际化社区居民的健康需求。

典型案例：上海联洋五居委开展"汉语廊"社区教育项目

浦东新区花木街道联洋社区居住人口约34000人，其中外籍人士有5300余人，分别来自78个国家和地区。其中联洋五居委辖区内的外籍居民有2000余人，分别来自30多个国家和地区，是一个典型的国际化社区。面对不断增加的外籍居民，如何使他们与本地居民共享共建和谐社区是社区治理工作中的重点。

联洋五居委开展"汉语廊"社区教育项目，组织举办丰富多彩的社区教育活动，使外籍人士通过活动了解感受中华文化，走进上海社区生活，为中外居民互动交流搭建活动平台。该项目建立了以联洋五居委的居委书记为组长的项目领导小组，形成了领导小组带头、各自治团队联动、积极分子作为骨干、动员社区中外居民参加的运作模式，通过多途径和方法，形成中外居民携手共建、和谐共进的良好局面。

（2）多元化参与主体

治理主体不仅包括政府机构，还广泛吸纳外籍居民、国际组织、非政府组织、企业及志愿者等多元主体共同参与决策与管理，形成共商共建共享的治理格局，具体表现如下：一是政府引导与支持。政府在国际化社区治理中发挥主导作用，负责制定政策、规划布局、提供公共服务，并协调各方资源。例如，出台鼓励多元主体参与的政策，提供财政补贴或税收优惠，支持社区基础设施建设和服务平台搭建。二是市场力量的融入。企业，尤其是物业管理和房地产开发商，作为重要的市场主体，参与社区的建设和运营，提供高质量的物业服务、商业配套和居住环境。此外，企业也可能通过社会责任项目参与社区公益，如赞助文化活动、环保项目等。三是社会组织与非营利机构的活跃。各类社会组织，包括国际学校、国际医疗机构、文化团体、慈善机构等，在国际化社区中扮演重要角色，它们提供专业服务，满足居民的特定需求，并促进文化交流和社会融合。四是居民自治与参与。国际化社区鼓励居民成立业主委员会、社区协会等自治组织，参与社区决策和管理，反映居民需求，监督服务质量。外籍居民的参与尤其受到重视，他们可以通过这些平台直接参与社区活动策划、环境改善、文化交流等。五是国际组织与外交机构的介入。在某些情况下，国际组织、领事馆和商会等也会参与到国际化社区的治理中，提供咨询、协调国际居民的相关事务，促进国际规则与本地实践的衔接。

典型案例：上海市闵行区华漕金丰国际化社区发展促进会

闵行区华漕镇坐落着 11 个大型涉外小区、4 所国际学校。外籍居民希望融入当地社区生活、参与社区建设，而传统的社区治理模式很难满足外籍家庭的需求和生活习惯。如何满足外籍居民需求、促进中外居民共同参与社区治理，打造华漕金丰国际化社区信息平台，成为政府和公众广泛关注的话题。

在华漕镇政府的大力支持下，2018 年 3 月，上海市闵行区华漕金丰国际化社区发展促进会（以下简称"促进会"）成立，致力于搭建华漕国际化社区中外居民、机构以及企业和商户之间的交流平台，协助地方政府更好地服务国际化社区发展，提升公众对华漕国际化社区的归属感与认同度。

促进会始终以促进中外居民融合、鼓励外籍居民参与社区建设为使命，通过在社区内进行问卷调查及召开外籍居民社情民意沙龙、外籍居民议事会等形式，了解外籍居民的需求及对社区建设的意见，鼓励外籍居民发声，搭建外籍居民广泛参与社区建设的平台。

2019 年 5 月，促进会通过走访社区居民、小区物业和部分国际学校了解到华漕中外居民对优化国际化社区交通出行的建议和期待。促进会随即开展社区调研，并设计发布了《华漕国际化社区交通出行调研问卷》，广泛征询社区中外居民意见，提出了华漕社区环线巴士方案及成本收益分析。

自 2019 年起，围绕垃圾分类、社区交通等居民普遍关心的问题，促进会定期开展外籍居民社情民意沙龙，邀请外籍居民代表和政府相关负责人进行面对面座谈，帮助政府了解外籍居民的需求，建立了政府和外籍居民之间顺畅沟通的渠道，实现了华漕金丰国际化社区多元参与、共建共治、成果共享的良好治理氛围。

（3）智慧化管理

利用大数据、云计算、物联网等现代信息技术，构建智慧社区平台，实现社区安全监控、环境监测、公共服务预约、居民互动等功能，提高治理效率和居民生活质量，主要体现在以下几个方面：一是智能安防系统。采用高清视频监控、人脸识别、车牌识别等技术，实现对社区的全方位、全天候安全监控。同时，智能报警系统能及时响应异常情况，提升社区的安全防范水平。二是数字化物业管理。通过智慧物业管理平台，居民可以在线报修、缴费、预订社区服务，提高物业管理效率和居民满意度。平台还能集成数据分析功能，帮助管理者优化资源配置和服务质量。三是环境监测与智能节能。利用物联网技术监测社区环境指标，如空气质量、噪声水平等，配合智能照明、温控系统等，实现能源的高效利用和环境的持续优化。四是智慧交通与停车管理。部署智能停车系统，提供车位引导、预约停车、电子支付等功能，缓解停车难问题。同时，利用大数据分析优化社区内外部交通流线，减少拥堵。五是居民健康与养老服务。结合可穿戴设备和远程医疗平台，为居民提供健康监测、紧急呼叫、远程诊疗等服务，特别是针对老年人群体，实现智慧养老。六是社区信息共享平台。建立社区内部的信息交流平台，提供多语种服务，促进居民间的沟通与互助，同时发布社区新闻、活动通知，增强社区凝聚力。上海国际化社区的智慧化管理不仅提升了社区治理的现代化水平，也为居民创造了更加安全、便捷、舒适的生活环境，是上海迈向智慧城市的重要组成部分。

典型案例：国际化社区对外信息服务联盟在闵行成立

2024 年 4 月 30 日，由上海市人民政府新闻办公室主办、上海日报社承办的一站式对外信息服务平台 City News Service（CNS），在闵行华漕国际化社区中心召开"上海国际化社区如何服务外籍居民"工作会议，并宣布上海国际化社区对外信息服务联盟（以下简称"联盟"）正式成立，在赋能上海国际化社区涉外服务水平提升、助力上海建设具有世界影响力的社会主义现代化国际大都市方面迈出坚实步伐。

这次联盟成立，CNS 将携手上海各国际化社区，通过权威的信息发布和有效的实用资讯传播，提升上海整体涉外服务能力。CNS 将组织协同策划多样的线下活动，为社区间的交流与合作搭建平台；建立全年调研合作机制，让涉外服务工作更加具有针对性；组织专业培训，提高各街镇涉外社工的服务质量和水平。联盟将推动在沪外籍人士更大范围、更宽领域、更深层次地融入社区。

（4）文化融合与交流

鉴于国际化社区居民的多元文化背景，治理中特别强调文化融合与交流，通过组织国际文化节、文化讲座、交流活动等，增进不同文化间的理解和尊重，促进社区和谐。

典型案例：上海市闵行区华漕金丰国际化社区发展促进会——搭建文化交流平台，让外籍居民深入了解中国

促进会在传统节庆时期会开展一系列的庆祝活动，让外籍居民了解中国，推广中国传统文化，增进中外居民融合。比如，"情满社区中秋联欢会"邀请中外居民同看社区中秋文艺演出，品尝中秋特色美食，了解中秋文化；组建社区"洋太太"旗袍队，邀请喜爱中国文化的"洋太太"穿上旗袍，和本地居民一起进行旗袍走秀，参与社区文艺演出。此外，促进会还开展了一系列集运动和游览于一体的活动，使外籍居民们对华漕、对上海的风土人情有了更深的了解。如"华漕绿色骑行日"活动，邀请中外居民通过骑行的方式游览华漕，让外籍居民亲身感受华漕的过去和现在；"上海城市微旅行"活动，带领外籍居民徒步参观上海宋庆龄故居、武康大楼、黄兴故居、外滩等处，使外籍居民感受到上海在发展进程中的历史与文化积淀。

2021 年是中国共产党成立 100 周年，促进会也通过一系列活动向外籍居民介绍了中国共产党的历史与发展，让外籍居民对世界第一大执政党有了更深入、更正面的了解。7 月 1 日，促进会组织中外居民进行"百人图形接力赛"活动，用接力健康跑的方式在地图上绘制图形，致敬革命先烈，庆祝中国共产党成立 100 周年。7 月 2 日，促进会邀请到来自近 30 个国家的 250 多名中外友人共赴黄浦江，登上游轮，欣赏"永远跟党走"外滩主题灯光秀。

（5）法治化与规范化

上海国际化社区管理遵循法治原则，制定明确的规章制度，保障中外居民的合法权益。同时，借鉴国际经验，不断优化社区治理的法规体系，确保治理工作的规范性与透明度。

典型案例：杨浦区新江湾城街道发布《居民公约（指导大纲）》

2023 年 7 月 14 日，杨浦区新江湾城街道正式发布新时代《居民公约（指导大纲）》。新江湾城街道是上海市第三代国际化社区，居民具有年轻化、高学历、结构多元化特点，有一定的自我管理、自我服务和自我教育的能力，对法律条文的认可度也较高。因此，新江湾城新时代《居民公约（指导大纲）》的 60 条内容下方，都有相关法条链接，对公约内容形成有力支撑。

譬如，第 21 条"居家生活不扰邻"公约提出，居民家庭聚会、娱乐活动、文体练习等，应控制声响，不大声喧哗，注意时间，不影响他人的休息和生活。该条公约下就清清楚楚列出了《噪声污染防治法》第 9 条、第 65 条、第 66 条的相关内容。新江湾城街道办事处副主任钱林玲表示，居民在日常生活中遇到问题，互相之间需要沟通交流时，可以拿出《居民公约（指导大纲）》，通过简单的搜索就能找到相关的法理基础。如此一来，有机结合了法治和德治，更好地实现"社区的事在社区内解决"。

（6）可持续发展

上海国际化社区治理注重环境保护和资源节约，推广绿色建筑、垃圾分类、节能减排等措施，推动社区向低碳、环保方向发展，提升社区的可持续性。

典型案例：在常态化、系统化、精细化上做足文章，让长宁国际精品社区光彩四射

长宁国际精品社区不断探索垃圾分类法治化、常态化、精细化、智能化管理，推动垃圾分类从新时尚成为新习尚。

巩固提升生活垃圾分类实效。2020 年，全面巩固提升居住区、单位、沿街商铺的垃圾分类实效，通过每周全覆盖巡查、执法部门联合检查、执行"不分类不收运"、开展单位生活垃圾专项整治等措施，全区生活垃圾分类达标保持了长效水平。生活垃圾资源化利用率平均达 66.67%。

完善区级生活垃圾全程分类体系。2020 年，完成可回收物回收服务主体企业招投标，并给予回收服务资金补贴。有序推进区废弃物处置中心一体化运营。完成居住区可回收物服务点提升改造以及区级再生资源集散场改造 569 个，完成居住区分类投放点提升改造 1312 个，完成菜场湿垃圾就地处理设备配置 4 个。

健全信息化全链条管理平台。探索垃圾分类"科技 + 管理"新模式，建成区城运平台垃圾分类模块街道端、区垃圾分类体系智管平台。通过一站式数据采集、统计、分析，优化运行体系，形成了具有长宁特色的垃圾分类全过程管理信息系统。

长宁区将继续推进垃圾分类依法治理、数字化管理，做实做强区垃圾分类体系智管平台。优化区废弃物综合处置中心功能。完成湿垃圾转运设施优化改造，确保始终达到环保要求和渗滤液达标排放。

（7）应急响应与安全管理

鉴于国际化社区的特殊性，上海建立了高效、灵活的应急管理机制，包括多语种预警系统、紧急疏散计划和跨国救援协作，确保社区安全，其管理措施凸显了高效、细致和人性化的特点。一是防疫闭环管理：在2020年初疫情初期，上海国际化社区实施了严格的防疫闭环管理，确保了信息的透明和防控措施的有效执行。例如，向返沪居民发放小卡片，上面清楚列出了自我健康管理要求、发热门诊地址、疾控中心应急电话、市民热线、外事办网站地址以及居委会和物业联系方式，便于居民快速获取服务和信息。二是外籍志愿者参与：在一些国际化社区，外籍居民积极参与到疫情防控中，身着红马甲成为志愿者，协助进行信息登记、体温检测和宣传引导，体现了社区的共治共享精神。三是多语种服务：考虑到国际化社区居民的语言多样性，上海在应急管理中提供多语种服务，包括多语种的宣传材料、公告、网站信息等，确保信息覆盖所有居民，减少了由语言障碍导致的信息不对称。四是智能技术应用：利用智慧社区平台和移动应用程序，进行健康码验证、在线健康申报、疫情信息推送等，提高了应急管理的效率和精准度。五是物资保障与心理健康关怀：确保疫情防控期间生活必需品供应充足，同时提供心理健康咨询服务，关注居民的心理健康状态，体现了人文关怀。六是社区内外协作：国际化社区与地方政府、医疗机构、国际学校、企业及国际组织紧密合作，共同制定并执行防控措施，形成联防联控机制。

上海国际化社区的治理特点反映出其在全球化背景下对国际最佳实践的吸收与创新，旨在创造一个安全、舒适、和谐且充满活力的国际化居住环境。

3. 上海国际化社区治理模式的经验与启示

上海国际化社区治理模式的经验启示可以从多个维度进行总结，这些经验不仅对国内其他城市具有参考价值，也对国际社会有一定的借鉴意义。

（1）党建引领与居民自治相结合

上海社区治理强调以党建为引领，通过加强社区党组织建设，将党的领导贯穿于社区治理全过程。同时，鼓励居民参与社区自治，提高居民自治组织的能力和活力，形成政府、社区、居民良性互动的治理格局。

（2）多元主体协同治理

上海倡导政府、市场、社会"三位一体"的治理模式，政府发挥主导作用的同时，积极引导社会组织、企业、志愿者等社会力量参与社区服务和管理，实现资源共享、优势互补，形成多元主体共同参与的社会治理共同体。

（3）智慧社区建设

城市智慧社区建设是提高城市社区运行效率的重要手段，也是城市社区治理现代化的发展方向。通过打破社区与城市社区管理相关部门之间的"信息孤岛"，实现城市社区治理精细化、智能化、高效化。城市社区智慧建设的核心是人，在城市智慧社区建设中也要注意机器、人、城市之间的和谐。充分利用信息技术推动智慧社区建设，通过大数据、云计算、物联网等技术提升社区服务和管理的智能化水平，提升社区治理的高效化和精细化。

（4）文化道德建设

社区文化对外代表了社区的形象，对内有助于增强居民的归属感和认同感。在社区建设过程中，将文化艺术建设与社区居民联系起来，可以充分调动社区居民的参与，丰富社区居民的生活，塑造社区的文化氛围，提升社区的竞争力，促进社区的健康发展。重视社区文化道德建设，弘扬社会主义核心价值观，推进社区精神文明建设，通过文化输送和道德宣讲增强社区凝聚力。

（5）分类治理与精细化管理

城市社区类型不一，在对其治理时要有针对性，抓重点进行治理。根据社区实际情况，采取分类治理策略，根据不同类型社区（如老旧社区、新建小区、国际化社区等）的特点，实行差异化的管理和服务，提高治理的针对性和有效性。

（二）北京国际化社区治理模式

1.北京国际化社区治理的发展历程

北京国际化社区治理的发展可以概括为几个关键阶段，每个阶段都反映了不同的治理重点和社区发展的特征：

（1）萌芽与初步探索阶段（20世纪末至21世纪初）

在这一阶段，随着改革开放的深入和北京作为首都的国际地位的提升，外籍人士逐渐增多，国际化社区开始出现。这一时期的主要特征是初步尝试为外籍居民提供基本的生活服务和设施，如国际学校、涉外医院等，但社区治理仍处于较为传统的管理阶段，主要是政府主导，居民参与度不高。这一时期的主要特征和进展包括以下方面。

①外籍人口增加。改革开放的深入和北京经济的快速增长，吸引了大量外籍人士来京工作、学习和生活，特别是使馆区周边、商务区附近开始形成规模不等的外籍居民聚居区，这为国际化社区的萌芽提供了土壤。

②基本服务需求。早期国际化社区的主要需求集中在基本生活服务上，如国际学校、涉外医疗服务、外语标识系统、外籍人士法律咨询服务等，这些服务的提供标志着北京国际化社区治理的初步探索。

③政府初步介入。北京市政府及相关管理部门开始注意到国际化社区的特殊需求，初步尝试介入管理，比如设立专门的服务窗口，提供涉外事务的咨询与办理，但这时期的治理更多的是被动响应而非主动规划。

④物业管理先行。由于正式的社区治理体系尚未完全形成，国际化社区的日常管理很大程度上依赖于高端物业公司的服务，这些物业公司往往引进国外的物业管理理念和服务模式，为外籍居民提供相对国际化的居住环境和服务。

⑤民间自发组织。在此期间，一些由外籍居民自行组织的社团或俱乐部开始出现，如国际妇女俱乐部、国际学校家长教师协会等，这些组织在一定程度上填补了官方治理的空白，促进了居民之间的交流与互助。

⑥政策探索。北京市政府和相关机构开始探索制定适应国际化社区特点的政策和规定，比如简化外籍人士居留和工作的行政手续，但整体政策框架尚在形成之中。

总的来说，北京国际化社区治理的萌芽阶段是一个社区治理从无到有的过程，随着国际居民的增加和需求的多样化，政府、市场和社会力量开始逐步介入，探索适合国际化社区特点的治理模式。

（2）制度化与规范化建设阶段（2000年代中期至2010年代初期）

随着《民政部关于在全国推进城市社区建设的意见》的出台，北京国际化社区的治理开始进入制度化、规范化轨道。在此阶段，社区治理结构得到明确，如居委会的职能进一步扩展，开始注重居民参与和社区自治。同时，政府开始推动社会力量和市场机构参与社区服务供给，形成了政府、市场、社会三元共治的初步框架，这一阶段标志着北京在国际化社区治理方面从初步探索走向了更加成熟和系统的管理模式。

①政策法规的建立健全。在此阶段，北京市政府及相关部门开始出台一系列政策法规，为国际化社区治理提供法律依据和指导框架。例如，制定了有关外籍人士居留、就业、教育、医疗等方面的政策，以及规范社区建设、居民参与、物业管理等方面的法规，确保社区治理有章可循、有法可依。

②组织机构的完善。为了适应国际化社区的特殊需求，北京市加强了社区治理的组织架构建设，包括完善社区党组织、居委会、业主委员会等基层自治组织，并在一些国际化社区试点成立了国际居民协调机构或国际事务办公室，专门负责协调处理涉外事务，提高治理效率。

③标准化与专业化服务。在这一时期，北京推动社区服务向标准化、专业化方向发展，包括推广使用国际通行的服务标准，如ISO质量管理标准在社区服务中的应用，以及培训专业化的社区工作者，提升他们处理涉外事务的能力和服务质量。

④居民参与和自治增强。随着治理理念的更新，北京国际化社区鼓励和促进居民参与社区决策，通过召开居民大会，成立各类兴趣小组、志愿者组织等形式，增强居民对社区事务的知情权、参与权和监督权，推动社区治理的民主化进程。

⑤国际合作与交流。在此阶段，北京的国际化社区治理开始注重与国际接轨，通过参与国际会议、引进国外先进经验和模式、与国外友好城市交流

等方式，不断吸收国际上成功的社区治理经验，提升自身的治理水平。

⑥社区安全与环境改善。安全社区理念的引入和实施是这一时期的重要标志之一。北京根据国际标准加强社区安全建设，包括提升基础设施建设水平、建立紧急响应机制、开展安全教育等，同时，注重社区环境美化和公共空间的合理规划，提升居民的生活质量。

通过这一系列制度化与规范化措施，北京国际化社区治理逐渐形成了一套较为完善的治理体系，为构建和谐、有序、国际化的居住环境奠定了坚实基础。

（3）国际化与专业化深化阶段（2010年代中期至2020年代初）

随着北京国际化程度的加深，国际化社区治理进入了新的发展阶段，更加注重服务的专业化、国际化。这一时期，社区服务和管理不仅追求硬件设施的国际化标准，也开始注重软环境的建设，如文化融合、多元文化交流平台的搭建，以及通过智慧化手段提升治理效率。同时，社区治理模式更加注重居民需求导向，鼓励居民自治，加强社区组织建设，促进居民之间的沟通与合作，这一阶段的特点和进展显著，具体表现在以下几个方面。

①服务体系完善。随着国际化社区居民构成的多元化，对服务的专业化和个性化需求日益增长。政府和社会组织开始建立更为完善的国际化服务体系，涵盖了教育、医疗、法律咨询、文化交流等多个领域，满足不同国籍和文化背景居民的需求。

②智慧社区建设。在这一时期，北京国际化社区积极融入智慧城市的发展战略，利用互联网、大数据、人工智能等现代信息技术，打造智慧化管理和服务平台。例如，开发多语言的社区App，提供在线物业服务、社区公告、活动报名等功能，增强信息透明度和居民参与度。

③专业人才引进与培训。为提升社区治理的专业化水平，北京开始重视引进和培养具备国际视野和跨文化交流能力的社区管理人员和专业服务人才，如多语种客服、国际化物业管理团队等，同时加强对现有工作人员的培训，提升其专业技能和服务质量。

④社区文化建设。在这一阶段，北京国际化社区更加注重文化融合与交流，通过组织国际文化节、国际美食节、文化交流讲座等活动，促进中外居民的文化互动和理解，营造包容和谐的社区氛围。

⑤法规与政策支持。北京市政府出台了一系列支持国际化社区发展的政策和法规，涉及居住环境优化、外籍人士权益保护、国际化服务标准制定等方面，为国际化社区治理的专业化提供了坚实的政策基础。

⑥居民参与和自治。随着治理理念的转变，国际化社区更加鼓励居民参与社区事务，通过建立国际居民委员会、开展意见征集和召开社区规划讨论会等形式，增强居民在社区治理中的主体地位，促进共商共建共享的社区治理格局。

⑦国际合作与交流。北京国际化社区治理还加强了与国外先进社区治理经验的交流与合作，引入国际先进的社区治理理念和技术，推动社区治理模式的创新与国际化接轨。

通过这些措施，北京国际化社区在专业化深化阶段实现了服务品质的显著提升，社区环境更加友好和便利，为构建国际化、现代化的社区治理模式奠定了坚实基础。

（4）智慧化与高质量发展阶段（2020年代至今）

进入21世纪20年代，北京国际化社区治理在智慧城市建设的大背景下，加速了智慧化转型，利用大数据、云计算、人工智能等技术提升社区管理和服务水平。智慧安防、智慧物业管理、在线服务平台等成为常态，提高了社区治理的效率和响应速度。同时，这一阶段更加注重社区的可持续发展，推动绿色社区、健康社区建设，以及在全球化背景下，进一步加强国际合作与交流，提升国际化社区的全球竞争力和吸引力。这一阶段的特点是深度融入智慧城市建设，追求社区治理的智能化、精细化与可持续性，具体表现在以下几个方面。

①智慧基础设施建设。北京国际化社区加快部署智慧基础设施，如智能安防监控、人脸识别门禁、智能家居系统、智能垃圾分类回收等，利用物联

网、大数据、人工智能等技术提升社区的安全性和便捷性。

②数字服务平台整合。建立集成式的数字社区服务平台，提供一站式服务，包括在线物业报修、社区公告、活动报名、健康咨询、教育资源预约等，实现服务流程的数字化和线上化，提升服务效率和居民满意度。

③大数据驱动的治理决策。通过收集和分析社区运行数据，为社区治理提供科学决策依据。例如，利用大数据预测社区服务需求、优化资源配置、监测社区环境变化，实现更加精准的社区管理和公共服务供给。

④绿色环保与可持续发展。国际化社区在智慧化建设中强调绿色生态理念，推广节能减排措施，如建立太阳能利用、雨水回收系统等，同时鼓励居民参与环保活动，共同构建低碳环保的社区环境。

⑤社区文化与国际交流。智慧化手段也被用于促进社区文化的多元融合和国际交流，如在线国际文化节、云端文化讲座、全球连线交流活动等，增强国际化社区的包容性和国际影响力。

⑥应急响应与健康管理。特别是在全球公共卫生事件频发的背景下，北京国际化社区加强了智慧健康管理和应急响应体系，如建立健康码系统、智能体温监测、在线医疗咨询等，有效提升了社区在面对突发公共卫生事件时的应对能力。

⑦居民参与和社区共治。智慧化工具为居民参与社区治理提供了新途径，如社区 App 内的意见征集、在线投票、居民议事厅等，提升了社区治理的透明度和居民的参与感，推动形成共建共治共享的社区治理新格局。

通过上述措施，北京国际化社区在智慧化与高质量发展阶段，不仅提升了社区治理的智能化水平，也促进了社区服务的高质量发展，为居民创造了更加安全、便捷、舒适和具有国际竞争力的生活环境。

每个阶段的发展都是对前一阶段的继承与超越，反映出北京国际化社区治理在适应城市快速发展、满足多元化需求过程中的不断探索与进步。

2.北京国际化社区治理的特点

北京国际化社区治理的特点综合了多元文化融合、服务国际化、智慧化管理及居民参与和共治等多方面内容，具体可以归纳如下：

（1）多元化与国际化特色

北京国际化社区拥有来自世界各地的居民，文化背景多元，社区治理注重尊重和融合不同文化，提供多语言服务，满足国际居民的特定需求，如国际学校、涉外医疗机构等，形成了具有国际水准的生活服务环境。

典型案例：北京朝阳区——以多元活动为载体，增进中外居民交流

在朝阳区将台地区阳光上东社区，一场主题为"和谐邻里情 美食齐分享"的国际美食沙龙温情开幕。在社区居住多年的德国籍居民桑德拉（音译）现场为参加活动的中外居民讲授法式羊排的做法，从香料选择到腌制方法，从烤制温度到制作时长，桑德拉耐心地讲解制作流程。在她的热情感染下，其他居民也纷纷参与进来，有的制作饭后甜点，有的摆放奶酪拼盘，大家一起切蔬菜、洗水果、品红酒、吃羊排，在欢声笑语中享用了一顿丰盛的法式大餐。

"我们社区共有2530户居民，其中有600余位外籍居民分别来自42个国家，每一个国家都有独特的风土人情。"阳光上东社区党委书记、居委会主任高艳介绍，为进一步促进中外居民交流，社区已组织策划多场不同主题、不同群体的国际化活动。例如，举办露天观影活动，在社区小广场播放动画片，搭建中外儿童的交流平台；举办创意集市活动，将中国的传统曲艺和外国的现代化演出有机结合，搭建中外文化的交流平台；举办跳蚤市场活动，鼓励中外居民置换家中的闲置物品，搭建邻里之间的交流平台；等等[①]。

---

① 安娜.北京市朝阳区——国际化社区治理的探索之路 [N].中国社会报,2021-11-26(A01).

（2）服务专业化与国际化标准

社区提供的服务遵循国际高标准，包括教育、医疗、物业管理等，旨在为国际居民创造与国际接轨的生活体验。同时，社区内专业服务人员通常接受过国际化的培训，能够提供高质量、高效率的服务。

典型案例：北京朝阳区——以精细服务为基础，让中外居民生活更便利

2020年以来，朝阳区各试点社区结合自身特点和优势，通过改造完善双语功能性导引标识、购置包含100个语种的多功能翻译机、编制双语服务指南等方式，不断提升国际化、便捷化精准服务能力，将实实在在的"便利"带到了居民身边。

在望京街道阜荣街社区大门附近的指示牌上，分别印有中文和英文两种语言，上面清晰地标识着去往社区居委会、社区警务室和运动广场等地的路径。社区所辖范围内居住着20余个国家的200余名外籍人士，"在北京工作的外籍人士中文水平一般不错，但跟随着一起来定居的家属有时在交流上会有一些阻碍。社区在宣传栏、引导牌、公示牌、图书室等公共空间增加英语、韩语等语种的标识后，可以有效提升这部分外籍居民的居住便捷性和舒适性"。为了增强居民对社区的归属感，阜荣街社区还建设了"中外居民议事厅""国际化图书室"等，促进居民自主交流。

（3）智慧化管理

智慧社区的建设与发展需要"技术"与"社会"的双向赋能。北京市共有96条街道实现智慧社区全覆盖，启动社区"微信群"系统建设，"探索社会治理"模式[①]。随着科技的发展，北京国际化社区广泛采用智慧化技术提升管理效能，如运用大数据、云计算、物联网等技术进行社区安全监控、资源调配、信息服务等，提高了社区治理的智能化水平。

---

① 佚名. 数字生产力推动中国社会治理底盘升级［N］. 北京商报，2023-05-19（T13）.

典型案例：北京坚果国际人才社区——通过智慧社区解决方案实现社区治理新形态

坚果国际人才社区智慧社区解决方案充分应用了大数据、物联网、云计算、人工智能等信息技术手段，通过人工智能物联网（AIOT）技术的应用，实现了社区管理、运营、能源系统、公共服务、室内家居的智能化链接，以及社区与区域外部资源的有效对接。这不仅提升了社区全流程线上管控效率和个性化服务能力，还展现了信息化、智能化、人性化管理与服务的社区治理新形态。方案解决了传统社区痛点，提高了居民的生活质量，增强了管理效率，促进社区互动与未来发展潜力，实现社区数字转型成为持续创造价值的可持续发展空间。现坚果国际人才社区智慧社区解决方案已随着项目正式投入运营完成正式上线。

（4）居民参与和共治

北京国际化社区鼓励社区居民，无论国籍，积极参与社区治理，通过居民大会、业主委员会、志愿者组织等多种形式，实现居民自我管理、自我服务，营造和谐共治的社区氛围。

典型案例：香蜜湾社区——引导共同参与，搭建多元共融平台

香蜜湾社区是典型的"商业＋居民"混合型小区，周边海嘉国际学校、鼎石等国际化教育资源丰富，小区内居住着大使馆工作人员家属、外籍教师、国际贸易从业人员等来自10多个国家的130余名外国友人，具有外籍人口多、区域国际化的突出特征。香蜜湾社区立足国际化社区建设，以"创建全国文明城区"为契机，从中外居民的实际需求出发，在做好社区国际化服务、探索外籍人员服务模式、开展社区文化交流活动的基础上，积极引导外籍居民参与社区治理，搭建起具有香蜜湾特色的国际化多元共融平台。

（5）制度化与规范化

社区治理有明确的法律法规和规章制度支撑，确保治理过程公开透明，权责清晰，既有政府层面的宏观指导，也有社区层面的具体实施和监督，形成了较为完善的治理体系。

典型案例：北京发布语言标识、语言环境建设相关管理规定

近几年，北京市先后颁布了《北京市公共场所外语标识管理规定》（2021年）和《北京市国际交往语言环境建设条例》（2022年），这也是地方法规第一次意识到城市外国人聚集区语言问题的特殊性，专门提到在"国际人才社区""引进境外人才聚集的社区"等公共场所，经营管理者使用规范汉字标示名称、场所导向、设施用途、警示警告、限令禁止、指示指令等信息时，应当同时设置、使用外语标识。这样一来，首次出现了对外国人聚集区语言景观的治理要采取规范管理与服务并重，既强调中文的权威性，也引导设置外文标识以建设国际化语言环境。

（6）文化融合与交流

重视社区文化建设，通过举办国际文化节、文化交流活动等，促进不同文化背景居民之间的相互了解与融合，构建包容、开放的社区文化环境。

典型案例：北京麦子店街道"花式"治理

近几年，居委会举办的回迁户与外籍居民共同参与的包粽子活动、迷你马拉松比赛等都得到了积极响应。2017年春天举办的迷你马拉松活动，有来自美国、英国、俄罗斯、匈牙利、澳大利亚、印度尼西亚、新西兰、加拿大等10多个国家及地区的共计300余名外国朋友参与。

聘请外籍居民当顾问后，麦子店街道也尝试了"花式"活动。麦子店街道增设了麦子店汉语学堂、外籍居民国画班、太极拳班等涉外社区服务。以汉语课堂为例，自2010年4月至今，麦子店街道开展了13期培训，共有来自 20 多个国家的 350 余名外籍居民报名参加了汉语培训和中国传统文化体验活动项目，每年参与汉语培训的人次达 2360 人次。格兰达告诉记者，尽管她才来中国半年，但加入汉语培训班之后，她不仅认识了很多朋友，还学会了中文歌曲《月亮代表我的心》。对她来说，融入社区并不困难，她很乐于向国外的家人和朋友们分享北京的故事[①]。

（7）应急响应与安全管理

面对突发事件，如公共卫生事件，北京国际化社区显示出突出的应急响应能力，能够迅速组织资源，执行防控措施，保障居民安全，体现了社区治理的韧性。

典型案例：北京空港街道的"三分钟消防圈"项目

空港街道辖区主要是回迁住宅小区，居民自建房屋火灾多发；回迁社区，道路狭窄难行，一旦发生火情，专业消防队难以快速到达现场，往往错失黄金救援时间，造成巨大损失；辖区面积大，如果单靠专业消防队，增加了救援时间。

街道根据辖区实际，通过排查与自愿报名相结合的形式，确定辖区内 70 岁以上空巢独居老人安装独立烟感报警器。

街道暂以 20 个社区居委会为办公地点，以 5 名接受基本灭火技能培训的社区居委会及物业公司工作人员为核心人员，以至少配备 6 个灭火器、2 个应急包、2 副消防手套、2 个水桶、2 把消防铁锹、1 部手台、1 部外接电话为基本设备，成立空港街道辖区微型消防站。各站相互支援，减少各自救援时间。

街道在 20 个社区型微型消防站的基础上，在社区内建设更小的消防站

---

① 常放.融入式国际化社区建设模式思考：以朝阳区麦子店街道为例［J］.前线，2015（9）：107−108.

点，各个站点细化主责区域与支援区域，除配置与微型消防站相同的人员、相同的设备，开展相同的培训外，还在各楼门显著位置悬挂站点救援提示牌，明确标注站点救援电话、119 报警电话、报警流程及注意事项，火灾首批救援人员到达现场时间严格控制在 3 分钟内。

街道制定了《空港街道关于安全隐患奖励工作方案》，通过设立安全贡献奖、社区管理贡献奖、提供线索贡献奖等，充分调动居民在日常巡查、排查、整改、救援过程中的积极性，将"三分钟消防圈"细化到邻里之间。

为 13 个社区的 96 栋高层、100 余家住户制作并张贴消防栓及灭火器操作指南 9000 余个，用直观的图画及详尽的文字向居民普及消防设施的使用方法，让居民在火灾发生时，可以随学随用。

（8）持续改进与创新

国际化社区治理不是静态的，而是持续寻求改进和创新，不断适应社区发展和居民需求的变化，探索更适合国际化社区特点的治理模式。

典型案例：海淀区东升镇马坊智慧指挥中心

在智慧社区建设方面，东升智联创新的"安消一体化平台"在智慧监管数字服务解决方案中发挥了重要作用，更是荣获了"第三届智慧消防论坛"十大优秀案例技术创新奖。该平台位于海淀区东升镇马坊智慧指挥中心，通过集成电气火灾预警、燃气安全监测、火灾自动报警等功能，建立了一个"可视、可控、可管"的体系，采用了 AI 人工智能、电力载波通信技术、安全协议及算法等先进技术，确保了数据资源的互联互通和高效利用，实现了对社区安全风险的全面监控和管理，为构建和谐、安全的社区环境提供了有力支撑。发布会上，行业专家代表及与会者不仅肯定了东升智联技术的实力，也对智慧消防领域的创新成果给予认同，该平台展现了中国在智慧消防建设方面的进步和潜力，展示了通过技术创新赋能城市数字化管理高质量新发展。

这些特点共同构成了北京国际化社区治理的特色，体现了在快速城市化和全球化背景下，社区治理向着更加专业化、国际化、智能化和人性化的方向发展。

3. 北京国际化社区治理模式的经验与启示

北京作为中国的首都，其国际化社区的治理经验为其他地区乃至国际上的社区治理提供了诸多启示。

（1）冲突解决与秩序重构

北京国际化社区治理展示了如何将业主维权行为转化为社区共治的过程，强调了业主在社区治理中的主体作用。这一过程启示了业主沟通、协商和共同参与，可以有效解决社区内部矛盾，并促进社区秩序的重构。

（2）大型社区治理实践

北京国际化社区治理突出了基层社会治理的重要性，通过政府引导、社会协同和公众参与，提升了社区服务和管理水平，可为国际社会提供有益的经验，特别是在推动社会治理创新和国际传播方面。

（3）基层治理创新

北京各国际化社区如八里庄街道、奥运村街道、安慧东里社区和南沙滩社区等实施的改革措施，包括深化体制改革、建立邻里驿站、创新工作方法等，都显著提高了社区治理效率和服务质量，为国际化社区治理提供了多样化、创新性的实践模式。

（4）公众参与的强化

通过居委会民主选举、志愿者服务、群众文化团体等途径，北京的社区鼓励居民积极参与社区事务，体现了公众参与在社区治理中的核心价值。这些做法强化了社区的自我管理和自我服务能力。

（5）法治保障与开放决策

国际经验表明，法治是社会治理的坚实保障，开放决策则是现代治理理念的关键。北京的国际化社区治理实践也体现了这一点，强调在社区治理中遵循法治原则，同时推动政府决策更加透明和包容。

（6）系统化与专业化

如鲁谷社区的体制改革案例，显示了通过创新机制和专业化管理提升社区治理效能的可能性，为国际化社区如何优化治理体系、提高服务质量提供了启示。

综上所述，北京国际化社区的治理经验启示我们，有效的社区治理需要综合政府、社会和公众的力量，通过法治保障、开放参与、创新机制和强化公众角色等多方面的努力，实现社区的和谐发展和高效管理。这些经验不仅适用于中国本土，也为全球范围内的社区治理提供了宝贵参考。

（三）广州国际化社区治理模式

1. 广州国际化社区治理的发展历程

广州国际化社区的治理发展可以概括为几个关键阶段，结合所获取的信息和一般的城市国际化进程，我们可以概述如下：

（1）萌芽探索阶段

在这一阶段，广州开始意识到随着城市国际化程度的加深，外籍人士和国际家庭对居住环境的需求日益增长。早期可能表现为一些散落的外国人聚居区域，但尚未形成系统的国际化社区概念或专门的服务体系，这一阶段的主要特征包括以下方面。

①需求认知。广州经济的快速发展和对外开放程度的加深，吸引了越来越多的外籍人士来穗工作、生活，形成了对国际化居住环境和社区服务的初步需求。这个阶段，政府和社会开始意识到需要为这部分人群提供更加适宜的生活条件和管理服务。

②初步尝试。在认识到需求后，广州市在一些外籍人士相对集中的区域开始了初步的治理尝试，比如在天河、越秀等区的部分社区，通过改善公共服务设施、提供双语服务、增加国际教育资源等方式，试图满足国际居民的

基本需求。

③政策酝酿。虽然没有具体的国际化社区建设计划出台，但广州已开始酝酿相关政策和规划，政府相关组织机构已经开始研究国际上成功的社区治理模式，考虑如何将这些经验本土化，以适应广州的实际情况。

④局部试点。在此期间，可能会有小规模的试点项目或非正式的国际化社区雏形出现，比如一些高端住宅区自发地吸引国际居民入住，并尝试提供国际化服务。

⑤公众与媒体关注。随着国际化社区概念的兴起，媒体和公众开始关注这一现象，相关的讨论和报道增多，这不仅深化了社会对国际化社区治理重要性的认识，也为后续的政策制定提供了舆论基础。

综上所述，广州国际化社区治理的萌芽探索阶段主要是关于需求的识别、初步服务的提供、政策的准备以及局部的小规模尝试，为后续更系统的规划与建设奠定了基础。

（2）政策规划与试点启动阶段

到了2020年前后，广州市政府着手规划并实施国际化社区的建设，标志着治理进入一个新阶段。例如，天河区猎德、五山街被选为首批国际化社区试点，这表明政府开始有意识地规划和打造具有全球视野、广州特色的国际化社区。此阶段，政策支持、资源整合及基础设施建设成为重点，这一阶段的具体表现包括以下几个方面：

①政策制定与规划布局。广州市政府开始从战略层面重视国际化社区的建设与治理，将其纳入城市发展规划之中。特别是在"十四五"规划期间，天河区等区域积极响应，将打造国际化社区作为提升城市国际化水平的重要举措，制定了相应的政策措施，旨在通过优化涉外政务服务、提升社区设施国际化水平、加强文化融合等措施，吸引和留住国际人才。

②选定试点区域。这一阶段，广州市选择了特定区域作为国际化社区的首批试点，如天河区的猎德街、五山街，以及番禺区钟村街的祈福新邨社区等，这些区域因其地理位置、人口结构、基础设施等因素被选中，旨在探索

不同类型的国际化社区发展模式。

③服务体系构建。在试点区域，政府推动建立和完善了面向国际居民的服务体系，包括但不限于国际学校、双语医疗服务、国际化商业配套、多语种公共信息服务等，旨在创造一个方便、舒适、多元的生活环境。

④治理机制创新。探索建立中外居民共同参与的社区治理模式，通过设立社区议事机构、举办国际居民参与的社区活动、推动跨文化交流等，促进居民之间的相互理解和共融，形成良好的社区氛围。

⑤示范引领。通过首批试点项目的成功实施，广州旨在树立国际化社区治理的标杆，为其他区域乃至全国提供可复制、可推广的经验。这一阶段的工作不仅注重硬件设施的国际化改造，更强调软环境的营造，如文化包容性、法律政策的支持性等。

⑥评估与反馈。在试点过程中，政府还会定期评估社区治理的效果，收集居民意见，根据反馈调整优化策略，确保国际化社区的建设能够持续改进，更好地服务于国际居民和推动城市的国际化进程。

通过这一系列的政策规划与实践探索，广州国际化社区的治理逐渐形成了具有地方特色和国际视野的模式，为城市的进一步开放和发展提供了有力支撑。

（3）服务与设施完善阶段

随着2021年广州首批国际化社区服务中心（如广粤国际化社区等）对外开放，社区服务和设施建设得到实质性的推进。这一阶段注重于提供一站式服务，满足国际居民在文化、教育、邻里沟通等方面的具体需求，以促进国际居民的融入和安居乐业，广州国际化社区治理的服务与设施完善阶段着重于提升社区的国际化服务水平和生活质量，具体体现在以下几个方面。

①一站式政务服务优化。依托外国人服务管理站，广州在国际化社区内提供了一站式的政务服务，包括住宿申报、备案登记等基本政务服务，以及签证延期、换发、补发，停居留签证申请，永久居留等咨询服务等。这简化了外籍居民在穗期间的行政手续，提高了办事效率。

②双语服务普及。为了更好地服务国际居民，广州在国际化社区内外广

泛推行双语服务，不仅在公共服务设施如医院、学校、商业中心等设置双语标识和导视系统，还编制了涵盖医疗、商事、教育、签证等内容的双语服务指南，确保信息的无障碍交流。

③社区环境与配套设施升级。社区环境整治和特色配套设施的完善是此阶段的重点，广州国际化社区通过环境美化、增设休闲娱乐设施、打造国际化消费场景等措施，增强了社区的吸引力。广粤天地商业圈就是一个典型的例子，其国际化的商业生态不仅服务外籍居民，也促进了本地文化与国际文化的交融。

④医疗教育资源整合。国际化社区注重引进或提升国际学校、双语幼儿园等教育资源，满足外籍家庭子女的教育需求。同时，与大型医院合作，提升社区周边的医疗服务水平，确保国际居民能够获得高质量的健康保障。

⑤社区文化建设。通过组织多元文化活动、节日庆典和交流平台，广州国际化社区致力于构建开放包容的社区文化氛围。这些活动不仅丰富了居民的精神生活，还增进了中外居民之间的了解和友谊，增强了社区凝聚力。

⑥居民参与与共治机制。鼓励和促进中外居民共同参与社区治理，通过"议事厅"等形式，让居民在社区规划、服务改进等方面有更多发言权，实现共商共治，确保国际化社区的治理更加贴近居民的实际需求。

通过这些服务与设施的完善，广州国际化社区不仅为外籍居民提供了便利舒适的生活环境，也为促进城市国际化、提升城市软实力作出了重要贡献。

（4）共商共治发展阶段

在此阶段，广州的国际化社区开始探索更为深入的共商共治模式，如设立"议事厅"，鼓励中外居民共同参与社区决策和管理。这意味着社区治理不仅依赖于政府的主导，还强调居民的主体地位，促进多元文化的交流与融合。广州国际化社区治理的共商共治发展阶段标志着社区治理模式由政府主导转向更加注重居民参与和多元主体协作。这一阶段的特点和实践主要包括以下方面。

①建立共商共治平台。广州在国际化社区成立了"中外居民共商共治议

事厅"等平台,为中外居民提供了一个直接参与社区决策的场所。这些平台定期召开会议,讨论社区发展的各项议题,如公共设施改善、文化活动组织、环境保护等,确保各方意见被充分听取和考虑。

②多元主体参与。共商共治模式鼓励社区党组织、居委会、业主委员会、物业服务机构、社会组织以及驻区单位等多元主体共同参与社区治理。通过建立协调机制,各方在资源调配、项目策划和执行中发挥各自优势,形成合力。

③促进文化交流。共商共治不仅是管理上的合作,也是文化上的交融。国际化社区通过组织文化节、国际美食节、语言交换角等活动,增进不同国家和地区居民之间的相互理解,促进文化多样性和社区和谐。

④增强法治保障。广州市政府在这一阶段还注重完善相关法律法规,为国际化社区的治理提供坚实的法制基础。这包括保护外籍居民合法权益的措施,以及规范社区治理流程的指导原则,确保共商共治在法治轨道上运行。

⑤推动志愿服务。鼓励和支持中外居民参与志愿服务,成为共商共治的又一亮点。广州国际化社区通过成立涉外志愿服务站,组织国际志愿者参与社区服务、环保、教育辅助等工作,不仅增强了社区服务力量,也促进了居民间的互助与融合。

⑥数字化治理工具应用。利用数字技术提升共商共治的效率与参与度。广州国际化社区积极探索智慧社区建设,利用社交媒体、在线平台等工具,让居民能够更便捷地获取信息、提出建议、参与投票,形成线上线下相结合的参与模式。

通过这些措施,广州国际化社区的共商共治发展阶段不仅提升了社区治理的效能,也构建了一个更加开放、包容、和谐的国际化生活环境,为其他城市提供了宝贵的实践经验。

（5）成熟与示范推广阶段

随着首批试点的成功,广州的国际化社区治理模式可能会进入成熟阶段,不仅在本地推广复制成功经验,也可能成为其他城市学习的典范。在这一阶段，国际化社区治理将更加注重持续优化、创新治理机制，以及如何更好地服务于不断变化的国际社群需求。广州国际化社区治理进入成熟与示范推广阶段，标志着广州在国际化社区治理方面已经积累了丰富的经验，并形成了一系列可复制、可推广的模式。这一阶段的特点和成就主要包括以下方面。

①治理模式标准化。经过前期的探索与实践，广州国际化社区的治理模式逐渐成熟，形成了一套标准化、系统化的管理体系，包括社区规划、服务提供、文化融合、居民参与等方面的标准流程和最佳实践。

②政策法规完善。政府在这一阶段进一步完善了与国际化社区治理相关的政策法规，确保了国际居民在住房、教育、医疗、就业等方面的权益得到有效保护，同时也为社区治理提供了明确的法律依据。

③智慧社区建设。广州国际化社区积极引入智能科技，通过大数据、云计算、物联网等技术手段，提升社区治理的智能化水平。智慧社区平台能够实时监测社区状况、提供个性化服务、促进居民互动，提高了社区管理的效率和居民的满意度。

④可持续发展。国际化社区在环境友好、资源节约、绿色出行等方面展现出示范作用，推动形成低碳生活方式，体现了城市可持续发展的理念。

⑤文化传播与交流。广州国际化社区成为中外文化交流的重要窗口，通过举办国际文化节、艺术展览、学术论坛等活动，促进了文化的多样性和国际理解，构建了独特的社区文化品牌。

⑥示范效应显著。广州的国际化社区治理经验开始在全国范围内得到认可和推广，其他城市纷纷借鉴其成功模式，如多元参与的治理架构、文化融合的社区活动、智慧高效的管理方式等，推动了我国城市国际化水平的整体提升。

⑦国际合作与交流。在这一阶段，广州国际化社区还加强了与国外城市的交流合作，通过互访、研讨会等形式，分享治理经验，参与国际城市治理的对话，提升了广州在全球城市管理领域的影响力。

广州国际化社区治理的成熟与示范推广，不仅是广州城市治理能力提升的表现，而且是中国城市国际化进程中的一个重要里程碑，为其他城市乃至国际社会提供了宝贵的经验与启示。

综上所述，广州国际化社区的治理是一个逐步深化和拓展的过程，从最初的探索到形成较为成熟的治理模式，每一步都体现了对国际化趋势的响应和对居民需求的精准把握。随着经验的积累，广州国际化社区治理的实践有望为中国的城市国际化进程贡献更多经验。

2. 广州国际化社区治理的特点

广州国际化社区治理的特点主要体现在以下几个方面：

（1）共商共治机制

广州国际化社区注重构建中外居民共同参与的治理机制，通过设立"议事厅"等平台，鼓励居民就社区发展、文化融合、公共服务等议题进行讨论与决策，实现了多方主体的协同治理。

典型案例：花都区成立首个"国际化社区服务站"

广州以高水平建设国际交往中心助推国际化转型，正积极推动广州融创文旅城街区等 12 个国际化街区试点建设。作为首批试点之一，花城街依托杜鹃社区丰富独特的交通、医疗、教育、文旅资源，突出文旅特色，稳步推进"产业提升、公服提质、街道活化、公园焕新、治理升级"五大计划，努力打造具有国际水准、广州特色且功能完备、资源集聚、开放包容、和谐宜居的国际化街区样板。

为推动面向国际化的治理服务升级，花城街大力引入广东外语外贸大学、广州市广爱社会工作服务中心，在杜鹃社区设立首个"国际化社区服务站"，量身制定"乐融创未来"国际化社区服务方案，围绕"党建""增能""交流""融合"四大功能，积极探索"党委政府＋社区＋社会组织＋高校科研"的国际化社区治理模式，为杜鹃社区来自 29 个国家的友人和 2 万多居民提供多方位、多形式的服务，共同构建多元主体参与的治理格局，促进多元文化共融，共建和谐宜居家园。

（2）国际化服务体系建设

提供全面的国际化服务，包括双语或多语种服务、国际学校、国际医疗机构接入、涉外法律咨询等，满足国际居民的特殊需求，提升其生活便利性。

典型案例：蕉门河国际化社区语言角活动

2022年6月，南沙区委外办在蕉门河国际化社区举办了首场语言角活动，中外居民齐聚一堂，在周末的闲暇时光进行了一次酣畅淋漓的语言文化交流。来自俄罗斯、巴基斯坦、美国、刚果（布）、喀麦隆、尼日利亚等国家的居民与本地居民共30人参加本次活动。语言角作为国际化社区的常规系列活动，今后将以每月两次的频率持续开展，为中外居民提供沟通交流、互助学习的平台，促进多元文化交流互鉴，营造包容开放的国际化社区氛围。

（3）智慧社区技术应用

利用智慧城市建设的成果，广州国际化社区积极采用信息技术，如大数据、物联网等，提高社区管理的智能化水平，为居民提供便捷服务，如在线服务平台、智能安防等。

典型案例：荔湾镇街"红棉指数"

荔湾镇街"红棉指数"于2023年12月22日正式上线，这是《南方都市报》在数字赋能城市治理现代化领域的又一重磅成果、又一重要落地场景。荔湾镇街"红棉指数"延续了广州市"红棉指数"指标体系的理论和逻辑基础，并结合了荔湾区社会治理实际，以及镇街一级承担的不同功能定位进行研发设计，致力于为基层治理赋能。荔湾镇街"红棉指数"涵盖六个一级指标，包括人身安全、食品安全、财产安全、公共安全、法治服务、公众参与等，具体指标共计66个。以辖区22条街道为监测对象，以季度、年度为频次进行动态监测、反馈监测结论。

（4）文化融合与交流

广州国际化社区重视文化的多样性，通过开展多元文化节庆、国际交流活动，开设语言学习班等，促进中外文化的相互理解和尊重，构建包容和谐的社区氛围。

典型案例："寻味广州"促融合

2023 年 9 月，2023 广州国际化街区文化交流首场活动——"寻味广州"在番禺区祈福新邨社区举行，来自全市多个国际化街区的 100 余名中外居民参加。

本次活动以"寻味广州"为主题，包括介绍茶学知识、品茶，介绍香道知识、品香，以及制作和品尝岭南特色姜埋奶环节等。现场的中外居民沉浸式体验中国传统茶道与香道、制作品尝岭南特色姜埋奶，深入了解中国的茶、香文化和岭南特色美食等文化瑰宝，感受中国岭南文化的独特魅力。

据悉，"十四五"期间广州将试点建设一批具有国际水准、广州元素，功能完备、资源集聚，开放包容、和谐宜居的国际化街区试点，帮助"身边的国际社会"更好地感知广州、融入广州、创业于广州，进一步激发改革、开放、创新三大动力活力，推动高水平建设国际交往中心城市，助力实现老城市新活力、"四个出新出彩"[①]。

（5）政策创新与支持

广州市政府在政策层面给予国际化社区发展大力支持，包括出台针对性的政策措施、提供财政补贴、优化外籍人士的行政服务等，为国际化社区的建设与治理提供良好的政策环境。

---

① 张姝泓."寻味广州" 促中外融合［N］.广州日报，2023-09-17（A3）.

典型案例：越秀区外国人服务管理工作

一是建设外国人管理服务站，提供"一站式"公共服务。越秀区在 18 条街道全覆盖建设外国人管理服务站，全面落实"3+1+1"工作机制，为辖区内外籍人士提供临时住宿登记办理、法律咨询、中文学习、防疫指引等"一站式"公共服务。二是启动外国人签证证件"在线办"，实现"零跑动"。疫情防控期间，越秀区积极推进外国人签证证件在线办理通道，着力推动解决外国人办证难题，通过"双向速递"实现部分外国人签证证件业务全流程无接触办理，受到来穗外籍人员的广泛好评[①]。

（6）志愿服务与社区参与

鼓励国际居民参与志愿服务，建立国际志愿者队伍，增强社区凝聚力，同时通过社区活动、居民小组等形式，促进居民之间的互动与合作。

典型案例：天河区的国际志愿者队伍

2019 年 11 月，天河区在全市率先启动国际化社区试点建设，并从 220 个社区中选择了境外人士居住较多的猎德街凯旋新世界和五山街汇景新城开展国际化社区建设试点探索。天河区委常委、宣传部部长陈晓晖介绍，广粤天地社区 4000 多人口中有 761 名外国朋友，五山街汇景新城的 1.1 万人中有超过 1000 位境外朋友，其中一半是韩国人。"这两个社区有很好的基础，我们将以打造具有全球视野、广州特色、精品优质、开放包容的国际化社区为发展目标。"

随着疫情防控工作进入攻坚期，"外防输入"成为防疫工作重点，为做好外籍人士健康管理的居家宣传和服务工作，猎德街大力引导辖区内境外人士力量积极参与国际化社区抗疫工作，打造国际志愿者队伍，以外联外。通过社区"i 志愿"平台，发动辖内韩国籍、俄罗斯籍、也门籍、利比亚籍等

---

① 章程. 足不出户办理签证，一站式服务获点赞［N］. 广州日报，2020-08-12（A7）.

不同国籍爱心人士投身社区疫情防控工作，充分发挥境外人士在语言、文化方面的优势，做好外国籍住户的健康情况登记、疫情防控问卷填写及疫情防控宣传工作，成效良好。"我们的涉外志愿者中，148 名志愿者中有 38 名外国人，让我们的志愿者队伍更加壮大。"①

（7）可持续发展导向

在社区建设和治理中融入绿色、环保理念，推动节能减排、垃圾分类等环保行动，体现对可持续发展的重视。

典型案例：中外居民携手共建清洁美丽社区——南沙分局开展"六五环境日"主题活动

2022 年 5 月 28 日上午，广州市生态环境局南沙分局联合南沙区委外办国际化社区项目，在南沙区南沙街道蕉门河社区，以"共建美丽清洁社区，我是行动者"为主题，开展"六五环境日"生态环境科普进社区暨国际生物多样性日社区宣传活动。结合南沙高水平对外开放门户枢纽建设及蕉门河国际化社区创建，本次活动首次以双语形式进行宣传，社区中外居民热情参与。

本次活动内容丰富、形式多样。现场设置生物多样性中英双语展板，向周边居民介绍了生物多样性的含义、保护生物多样性的重要性，并讲述了国家及广州市为保护生物多样性所做的工作与取得的成果。"国家保护动植物，你认识吗"小游戏深受小朋友喜欢，他们在游戏中认识到了国家保护野生动植物的措施及其重要性。游戏赠送中国生态环境保护吉祥物"小山""小水"挂件，传达绿水青山就是金山银山的理念。

南沙区奋力推进南沙高水平对外开放门户枢纽建设，探索高质量高水平创建开放包容、绿色智慧、和谐共治、特色鲜明、国际接轨的服务型社区。

---

① 申卉．国际社区广州样本　战"疫"中这样炼成［N］．广州日报，2020-05-08（A7）．

南沙蕉门河社区作为国际化社区建设试点，将持续推出各类主题活动，帮助社区外籍居民融入本地生产生活，促进中外居民互动交流、相互融合协作。

综上所述，广州国际化社区治理呈现出多元参与、服务完善、技术先进、文化融合、政策支持、法治保障、社区活力及可持续发展等鲜明特点，展现了广州在城市国际化进程中的创新与实践。

3. 广州国际化社区治理模式的经验与启示

广州在国际化社区治理方面积累了丰富的经验，这些建设和治理实践对于其他城市具有一定的参考价值，主要经验和启示如下：

（1）引入专业服务实现广泛协同

引入专业社会服务机构来满足国际化社区的多样化需求，这些机构可以提供更专业化的服务。通过与专业社区工作组织合作，社区不仅能够利用社区工作组织的专业知识和服务能力，还能吸引年轻群体加入社区服务工作，为社区专职工作人员提供补充和支持。这种合作有助于专业社区工作组织自身品牌的建设和经验积累，从而达到社区与社区工作组织的双赢局面。

（2）推动社区居委会回归自治角色

社区居委会应当专注于居民自治活动，减少承担过多的行政任务，以便更好地发挥其作为基层自治组织的作用。通过调整居委会的工作重心，确保其能够有效地支持和促进居民之间的自我管理和自我服务。

（3）规划和建设国际化街区

广州市出台了相关政策文件，如《关于推进国际化街区试点建设的实施意见》，旨在通过建设国际化街区来提升城市的国际交往能力。国际化街区的建设不仅要考虑硬件设施的完善，还要注重社区文化的融合和社会治理的创新。

（4）社区治理的多元参与

明确界定社区治理中各参与方的权利和责任，促进政府、社会组织、居民等多元主体的有效协作。鼓励和发展社会组织，让它们参与到社区治理中，以弥补公共资源的不足，并丰富社区自治的内容。

（5）利用技术手段提升服务效率

利用信息技术手段，如设置政务服务自助服务终端，方便居民自助办理各种业务，提高服务效率。

（6）人才队伍建设

招聘具备外语能力的人才，加强与外籍居民的沟通交流，为国际化社区建设提供语言和文化上的支持。

通过上述措施，广州不仅提升了国际化社区的服务水平和居民生活质量，还增强了城市对国际人才的吸引力，促进了城市的国际化转型。这些经验可以被其他面临类似挑战的城市所借鉴。

四、中国国际化社区治理的问题与挑战

城市的国际化是多层次、多维度的，既有企业、产业、经济的国际化，也有规则、人口、文化的国际化。随着全球多极化、信息化、多样化深入发展，中国的影响力和感召力不断提高，经济互融和人文互通的潮流为城市带来了聚居的国际人才、流动的商业要素和多元的文化音符。在此背景下，城市管理者应该思考：第一，如何全方位多层次地聚集人才和资源，以一流的营商环境推动区域经济的高质量发展，用宜居的人文环境实现全体居民的高品质生活？第二，如何应对复杂人口结构带来的治理挑战？面对治理对象的流动、多元、复杂所带来的风险，必须从源头上预防和减少影响社会和谐稳定的问题发生。因此，国际化社区——一个开放包容、治理有序的"微社会"，既是带动城市扩大开放的新引擎，又是应对社会治理挑战的试验区。目前，外国居民参与社区事务的意愿、范围和效果都不理想。在制约外籍居民参与国际社区治理的具体因素中，既有自身利益与精神需求、社会资本与社会文化心理、族群与个体差异等内部因素，也有特定政府—社区关系下的社区治理模式、社区治理水平、国际环境等外部因素[①]。随着社区规模扩大和居民构成多样化，社区内部差异加大，如何平衡不同群体的利益，处理好新老居民、本地与外籍居民的关系成为一大难题。国际化社区管理除社区管理的共性问题外，还存在社区工作者跨文化交际能力不足、外籍居民社区参与度低、社区居民矛盾较多、文化交流障碍大等诸多问题。问题原因主要有三个方面。

（一）治理理念略有偏颇，顶层设计缺乏系统

第一，治理理念略有偏颇。当前国际化社区治理存在两种倾向：一种是"例外主义"，即将外籍人士当作精英的优先导向，导致一些在华外国人获得超规格待遇，受到过度、不适当、偏离制度的照顾；另一种是"排外主义""防控主义"，即一定程度的排外导向和不主动作为，导致国际化社区各类型居民间的隔阂和冲突。第二，顶层设计缺乏系统。一些国际化社区的治理过于依赖政府机构，导致社区自治组织的作用未能得到充分发挥，居民参与有限，影响了社区治理的灵活性和效率。国际化社区治理缺乏系统具体的制度依据，存在由上至下的"行政管理"思维定式，存在突击式治理的情况，工作不统一、职责交叉或步调不同导致社区治理成效不高。第三，服务供给不匹配。国际化社区居民的多元化需求，如教育、医疗、文化等，对公共服务提出了更高的要求，但现有服务设施和项目可能无法完全满足这些特定需求。第四，法律法规适用性不足。现行的一些法律法规和政策在应对国际化社区特有的问题时可能存在适用性不足，如外籍居民的法律地位、权益保障等方面尚需细化和完善。

[①] 赵聚军，齐媛. 我国国际社区治理中的外籍居民参与——基于京津三个国际社区的观察 [J].南开学报（哲学社会科学版），2020（3）：27-36.

（二）社区管理人力不足，外籍人士参与度低

第一，社区管理人力不足。社区作为基层治理的最小单元，"小马拉大车"现象是常态。由于社区居委会代表街道行使部分行政管辖权，承担党建党务、安全维稳、人力资源、社会保障、养老健康、城市管理等工作，"上面一千根线，下面一根针"的现实导致许多社区干部长期处于高强度工作状态，缺乏更多的精力和时间为社区居民服务。国际化社区更是缺乏具备一定跨文化交际能力的社区工作者。第二，外籍人士参与度低。外籍居民在国际化社区治理中呈现参与热情低、参与范围窄、缺乏双向互动等特点，外籍居民中的"积极分子"依然是"难得的少数"，往往集中于家庭主妇、老人和孩子；外籍居民对居委会选举、决策等社区事务相对冷漠，对社区文化活动、志愿活动参与的积极性和参与度较高。第三，多元主体协作不畅。政府、社区组织、企业、非营利组织以及居民之间的关系尚未完全理顺，存在条块分割，合作机制不健全等问题，影响了治理资源的有效整合和协同作用的发挥。第四，文化与语言障碍。不同文化背景和语言差异可能导致信息不对称，影响政策传达、服务提供和居民间的沟通，特别是在紧急情况下，可能会加剧误解和冲突。

（三）文化氛围营造不足，融合手段较为单一

第一，文化氛围营造不足。国际化社区整体文化氛围营造不够，如文化设施投入不足、双语宣介较少、政策宣贯不足，制约了国际化社区文化融合和外籍居民融入。第二，文化融合手段较为单一。当前国际化社区的文化活动以文化宣传和体验活动为主，缺乏深度融合，导致遇到利益冲突和矛盾时沟通障碍凸显，如外籍居民无法理解国内社区"进百家门、知百家情"的工作模式，如果政策宣传落实不到位，就会出现因治理模式差异引起的矛盾纠纷。

针对以上问题，相关部门和社区正在探索对策，如加强社区自治能力培

养，推动多元主体协同治理机制的建立，提升服务的国际化水平，加强跨文化沟通与理解，以及完善相关法律法规和政策体系等，以期不断提升国际化社区治理的质量和效率。

第三章
义乌国际化社区治理的实践案例

一、义乌国际化社区发展历史

浙江义乌，古称乌伤，由金华市代管，Ⅱ型大城市，地处浙江省中部，全市辖 8 个街道、6 个镇，总面积 1105.46 平方公里，截至 2023 年年末，常住人口 190.3 万人。

义乌先后出了骆宾王、宗泽、朱丹溪及现代教育家陈望道、文艺理论家冯雪峰、历史学家吴晗等名人；是浙江四大都市区中心城市之一，是国家综合配套改革试验区、全国文明城市、国家卫生城市、国家环保模范城市、中国优秀旅游城市、国家园林城市、国家森林城市、浙江省文明示范市、中国最富裕的地区之一、浙江高质量发展建设共同富裕示范区试点地区；是全球最大的小商品集散中心，被联合国、世界银行等国际机构确定为世界第一大市场，被列为第一批国家新型城镇化综合试点地区；义乌国际商贸城被国家旅游局（现文化和旅游部）授予中国首个 AAAA 级购物旅游区。境内设有中国（浙江）自由贸易试验区金义片区。2023 年，义乌实现地区生产总值 2055.62 亿元，经济总量进入全省前十县市区行列。其中，第一、二、三产业增加值同比增长分别为 4.7%、5.7%、9.1%。全市完成农林牧渔业及其辅助活动总产值 41.5 亿元，同比增长 4.8%。规上工业产值 1661 亿元，同比增长 6.8%。进出口总额、出口额均同比增长，占全省和全国份额提升。社会消费品零售总额、服务消费、存贷款余额、客运量、快递业务量均同比增长。

义乌作为我国改革开放的窗口之一，商品出口到 230 多个国家和地区，常住外国人 1.5 万人，每年吸引境外客商超 56 万人次。2000 年以来，义乌签发外国人居留证和签证数量常年位居浙江省前三名，是享誉全球的世界级贸易平台。坐落于义乌市区东北部的江东街道设有东苑、商博、流赐和鸡鸣山等 16 个社区委员会，第七次人口普查有 34.85 万人，其中，域内散居外籍人士 6000 多人，涉及全球 100 多个国家和地区。义乌市场吸引了世界各地的采购商，他们在义乌工作生活，演绎着"万国创富潮"的生动故事，成为义乌同世界联通的桥梁与纽带，也是义乌市场繁荣的推动者和受益者。

从外籍人士职业类型来看，主要从事商贸服务和生产性工作，还有部分以留学生和外籍教师的身份留在义乌。在义乌，外籍人士长期定居形成了国际化社区。义乌国际化社区治理的发展历程反映了其作为全球知名的小商品集散中心，在面对日益增长的国际化人口和多元文化交流中的社会治理创新能力。

（一）国际化社区治理的萌芽

义乌小商品市场的蓬勃发展，吸引了大量外国商人前来采购和定居，形成了国际化社区雏形。这一时期，义乌开始意识到需要针对外籍居民的特殊需求进行管理和服务。

（二）国际化社区治理的探索

2000 年代末至 2010 年代初，义乌市政府开始尝试建立专门的服务机构和平台，如设立涉外事务服务中心，提供签证延期、法律咨询等服务，以便利外籍居民生活。引入社区管理和公共服务的初步国际化元素，比如设置双语标识、提供多语言服务窗口等，初步构建国际化社区的基本框架。

（三）国际化社区治理的深化

2010 年代中期至 2020 年代初，义乌实施精细化管理和个性化服务策略，如建立"房东网格"管理体系，强化对外籍人员的登记和服务，提升管理效率。推进社区文化建设，促进中外文化交流，如举办国际文化节、开设语言和文化交流课程，增进居民之间的理解和融合。创新社区治理模式，如鸡鸣山社区的案例，通过网络化治理转型，实现了社区治理的扁平化、集成化，以及服务供给的精准化和多样化。连续 5 年开展"幸福来敲门"活动，通过"幸福问卷"，靶向定位需求、资源、项目"三张清单"，每年平均解决居民需求 3000 余件，打造"大叔帮帮修"和"联合国"积分护照等 60 多个特色服务品牌。建设家门口孔子学院、民族团结融书苑，开展一米视角街区提升，打造"乐夕小院""书记凉茶铺""睦邻小集"等服务场景，创建现代社区全龄共享美好家园，实现社区、居民双向奔赴。

（四）国际化社区治理的创新

2020 年代至今，针对国际化社区的特定需求，义乌进一步完善政策法规，优化外籍居民的居住、工作环境，如优化国际教育、医疗资源，提供更加全面的公共服务。加强数字化治理，运用大数据、云计算等现代信息技术手段，提升社区治理的智能化水平，如通过数字平台提供便捷的在线服务。强调社区共治共享，鼓励外籍居民参与社区治理，形成多元主体参与的社区治理格局，促进社区治理的民主化和国际化水平。

义乌发布优化国际化营商环境涉外服务十项举措，包括工作居留便利、外商生产经营、涉外法律服务、国际融合社区、涉外医疗就诊、国际青年创业、信息发布共享、人文氛围营造、政策咨询和政务出海、外国人落地荣誉感等，其中，明确为符合条件的外国人签发两年至五年的居留许可。实施投资类外国人注册企业、工作、居留"一件事"办理；打造自贸区涉外全周期政策服务平台，为在义乌投资的外国企业和个人提供优质的政策咨询服务。

建设线上线下海外服务驿站，为境外采购商、海外华侨提供"无差别"政务服务；建设线上线下移民事务服务中心及站点，在外国人居住较多的鸡鸣山、金城等社区开设汉语教学、文化体验课程，促进在义外国人融入社会等。

整体而言，义乌国际化社区治理的发展历程是一个从被动应对到主动规划，从单一管理到多元化服务，从局部尝试到全面创新的过程，体现了义乌在快速城市化和全球化背景下社会治理的不断进步和成熟。

二、义乌国际化社区形成背景

义乌国际化社区的形成是经济全球化背景下，政府政策推动、市场需求增长、社会结构变化、文化融合需求及城市转型升级综合作用的结果。

（一）经济全球化的影响

随着中国加入 WTO 和全球化的深入发展，义乌作为国际贸易的重要窗口，其"中国小商品城"和"国际商贸城"吸引了来自世界各地的采购商和商人，特别是中小企业家和批发商。这些国际商业活动的频繁往来，催生了外商对国际化居住和工作环境的需求。义乌小商品市场的起源可追溯至 1982 年，最初是从"鸡毛换糖"的小规模交易起步的，逐渐发展成为中国最早的专业市场之一。这一时期的快速发展得益于义乌人勇于开拓的商业精神和政府对市场经济的初步放开。随着时间的推移，义乌市场经历了多次扩建和升级，从小规模分散市场演变为集中的、现代化的国际商贸城，成为全球最大的小商品集散中心，商品种类繁多，涵盖日用品、饰品、玩具、工艺品等多个领域。进入 21 世纪，义乌外贸经济加速国际化，吸引了大量外国采购商，特别是来自中东、非洲、南美洲等地的商人。政府和市场管理者不断优化外贸服务，如推出"信用商户会员"服务，提升交易的诚信度，并通过软硬件的不断升级，改善贸易环境。义乌作为国际贸易综合改革的试点城市，得到了国家和浙江省政府的多项政策支持，包括简化通关流程、优化外汇管理、建设跨境电商平台等，这些措施极大地促进了外贸出口，提高了贸易便利化水平。近年来，义乌积极拥抱电子商务，推动市场数字化转型，利用互联网平台拓展国际市场，如阿里巴巴等电商平台的入驻，使得义乌小商品能够更便捷地销往全球各地，进一步推动了外贸出口的增长。面对全球经济形势的波动和国际贸易环境的变化，义乌也在不断创新和调整，比如加强知识产权保护、提升产品质量、深化与"一带一路"共建国家的合作，以及培养国际化外贸人才等，以保持其在全球市场中的竞争力。从义乌海关获悉，2024 年一季度，义乌外贸进出口总值 1482.5 亿元，同比增长 25.5%。其中出口 1287.7 亿元，增长 20.5%；进口 194.8 亿元，增长 72.3%，进出口、出口和进口值占全省份额分别为 12.3%、14.7% 和 5.9%，占比分别提升 1.7、1.7 和 2.1 个百分点。

　　义乌建设国际商业城市的过程也是一个国际化的社会空间生产过程。外国人在义乌社会空间的形成，特别是其居住融合，在很大程度上反映了外籍人口与义乌当地社会的良性互动和逐步融合过程。外籍人口来义乌是为了贸易和商业，通过对当地社会关系网络的重构，形成了以国际商贸城为中心的市场和以异域街、韩国街为主导的服务业聚集地，与当地居民共同塑造了"居住（居住空间融合）—经济（经济生态圈）"的社会空间模式。居住空间的融合是深化社会融合的重要环节。外来人口与本地居民在居住融合过程中，虽然仍存在文化心理、社会认同等方面的社会隔离，但居住空间融合与经济制度的联系本身就表明了全球化和移民背景下不同族群人口融合的新趋势。这有利于促进各族群之间良性交流互动的新局面形成 ①。

---

① 吴瑞君，吴潇，薛琪薪 . 跨国移民的社会空间机制及移民治理启示——以浙江义乌的外国移民为考察对象［J］. 华东师范大学学报（哲学社会科学版），2022（3）：132-139，187.

（二）政府前瞻部署规划

现阶段我国存在三种比较典型的社区治理模式，即政府主导型、多元协作型和居民自治型[①]，目前社区治理中强烈的政府主导色彩显然会对外籍居民的社区参与产生一定的影响。义乌市政府认识到国际人口增长给城市管理带来的挑战与机遇，提出了"中外客商齐谋发展、中外居民共创平安、中外家庭同享幸福"的理念，通过政策创新支持国际化社区的建设，如简化外籍人士的居住和工作手续，优化国际教育和医疗服务等，为国际化社区的形成提供了政策支撑。同时，通过规划和建设"国际化社区"，旨在创造一个适合外籍人士居住和工作的优质环境，促进中外居民的融合与共同发展。义乌国际化社区的政府规划主要集中在以下几个方面：

1. 战略定位

政府将国际化社区建设纳入城市整体发展战略，明确其作为提升城市国际化水平、促进国际交流与合作、优化外籍人士居住环境的核心载体。

2. 政策制定与支持

制定一系列优惠政策，包括简化外籍人士的签证申请、工作许可、居留手续等，提供税收优惠、住房补贴、子女教育便利等，以吸引和留住国际人才及投资者。

3. 基础设施建设

投入资金建设和完善国际化社区的基础设施，如国际学校、国际医院、绿地公园、体育设施、文化中心等，确保居住环境符合国际标准，满足外籍人士的学习和生活需求。

---

① 魏娜. 我国城市社区治理模式：发展演变与制度创新[J]. 中国人民大学学报，2003（1）：135—140.

4. 公共服务优化

提升公共服务的国际化水平，提供多语种服务，包括政务、法律咨询、社区管理等，确保信息畅通、服务高效。

5. 文化融合与交流

鼓励并支持多元文化活动，举办国际文化节、艺术展览、学术论坛等，促进中外居民的文化互动和融合，营造开放包容的社区氛围。

6. 智慧社区建设

运用信息技术，推进社区智能化管理和服务，如智能家居、社区安防、智慧交通等，提升居民生活质量，同时便于社区管理和资源调配。

7. 生态环境保护

强调绿色生态建设，遵循"先造林后建房"的环保理念，打造绿色、可持续的居住环境，响应全球环保趋势。

8. 社区治理创新

推动社区治理结构和机制的创新，鼓励居民参与社区事务，形成政府、社会组织、企业、居民等多元主体共同参与的社区治理模式。

9. 产业升级与联动

依托义乌强大的商贸基础，促进国际化社区与当地产业的互动，如跨境电商、国际物流、文化创意等，形成产业链条的延伸和互补。

通过上述规划和措施，义乌旨在构建一个集居住、商务、教育、休闲于一体的综合性国际化社区，既服务于外籍人士，也拓宽本地居民的国际化视野，为城市长远发展注入新的活力。

（三）城市社会结构变化

随着越来越多的外籍人士在义乌长期居住和工作，他们对教育、医疗、居住环境等有着与本地居民相同或更高的要求。这些需求促使义乌在社区建设中融入国际元素，如建立国际学校、提供多语种服务等。

随着国际贸易的不断发展，义乌吸引了来自全球各地的商人和务工人员，形成了一个多元文化交融的社会结构。这里不仅有来自亚洲、非洲、欧洲、美洲等地区的外籍人士，还有大量的国内流动人口，共同形成了一个国际化的人口结构。国外的实证研究也发现，大城市多元混合居住格局有利于降低失业率，促进社会稳定。美国、荷兰、德国等国都采用了混合模式的公共住房，新加坡更是直接规定了每栋建筑中各民族人口的比例，具体标准是根据不同民族在该国人口中的比例来制定的。义乌外国人混合居住空间是在政府规划和外商自身共同作用下形成的。在促进社会稳定、引导外来群体社会融合的政策指导下，政府部门通过一系列制度安排压制极端的族群社会隔离，这与广州黑人集中居住区域中各功能完备社区的明确族群隔离形成鲜明对比[1]。义乌的社会经济结构层次分明，既有大型的国际商贸企业和跨境电商平台，也有数量庞大的中小企业和个体工商户。这种结构既保证了经济的活力与韧性，也为不同层次的人才提供了就业机会，形成了从高端国际商务到基层小商品贸易的完整产业链。

为了适应城市国际化发展的需求，义乌注重教育的国际化进程，建立了多所国际学校，提供国际化教育服务，吸引海外人才家庭。同时，通过与海外高校和研究机构的合作，引进高端人才，推动科研创新和社会服务的国际化。

---

① 吴瑞君，吴潇，薛琪薪.跨国移民的社会空间机制及移民治理启示——以浙江义乌的外国移民为考察对象［J］.华东师范大学学报（哲学社会科学版），2022（3）：132-139，187.

（四）城市发展升级需要

在从传统的小商品市场向现代服务业和高新技术产业转型的过程中，义乌需要吸引更多国际化人才，国际化社区的建设有助于提升城市形象，增强对外吸引力，为城市转型升级提供软实力支持。国际化社区的建设和发展对义乌城市形象产生了深远的影响，主要体现在以下几个方面：

一是提升国际化形象。国际化社区的出现，直观展现了义乌作为国际化城市的风貌，表明这座城市不仅在经济上与全球市场紧密相连，而且在社会结构、居住环境上也达到了国际水准，提升了义乌在全球的知名度和吸引力。

二是促进文化交流与融合。国际化社区成为不同文化背景人群交流的平台，有利于中外居民增进了解，形成多元文化共存共荣的良好氛围，提升了城市的文化包容性和开放性。

三是吸引外资与人才。高质量的国际化社区是吸引外资企业和高端国际人才的重要因素之一。良好的居住环境、国际化的教育和医疗服务等，可以有效解决外籍人士在义乌生活的后顾之忧，促进国际投资和人才引进。

四是推动产业升级。在国际化社区内居住的外籍专业人士和企业家往往能带来先进的理念、技术和管理经验，促进本地企业的技术创新和管理升级，推动义乌经济向更高端、更国际化的方向发展。

五是优化城市治理结构。伴随国际化社区的成长，义乌在城市治理上需更加国际化、规范化，如提供多语种公共服务、优化涉外法律法规等，这些都能提升城市治理的现代化水平。

六是提升居民生活质量。国际化社区的高标准建设往往会对周边地区产生辐射效应，推动整个城市的生活品质提升，包括公共设施的完善、环境美化、服务国际化等，使本地居民也能享受到更加优质的居住环境。

综上所述，国际化社区的建设不仅改变了义乌的物理面貌，更重要的是，它深刻影响了义乌的城市气质，使其在国际舞台上展现出更加开放、包容、现代化的形象，为城市的持续发展注入了新的活力。

三、义乌国际化社区治理案例

义乌国际化社区的建设体现了这座城市持续推动国际化进程的努力，在国际化社区建设过程中，涌现了许多典型案例，具体表现在以下几个方面：

（一）系统规划设计国际化社区

义乌已着手实施多个国际化社区建设项目，其中包括义乌福田金茂府等项目，它们采用绿色环保理念，如先造林后建房，为居民提供高品质的居住环境。部分项目已完成从规划到竣工的各个阶段，如某些新社区集聚项目已进入主体工程验收或已竣工。目前已形成鸡鸣山社区（"联合国社区"）、四李社区、词林社区、五爱社区、福田社区、金城社区等建设较为成熟的国际化社区。

典型案例：鸡鸣山社区（"联合国社区"）

鸡鸣山社区成立于 2003 年，辖区在册人口 3512 人，流动人口达 2.5 万人，其中有少数民族群众 2082 人，以及来自 74 个国家和地区的外籍人士 1300 余人，是个居民构成多国籍、多文化、多元素的复合型社区。

鸡鸣山社区紧扣"国际融合、善治久安"两大命题，进一步深化基层治理创新。迭代升级社区"大党委"，做实"红色街长"制，擦亮"乐众惠民"党建品牌，创新"以外调外""以外管外"治理模式，成立社区中外居民之家自治委员会，打造"国际老娘舅"工作室，开办"家门口的孔子学院"，累计提供汉语培训 6 万人次，搭建国际友谊连心桥。

用贴心服务消除异乡疏离感。针对外籍人士语言不通、朋友少、风俗和生活习惯有差异等问题，鸡鸣山社区建立社区境外人员服务中心，与外事、税务、商务、出入境管理等部门协同，为外籍人士精准推送减税降费、税费改革、市场动态、子女就学、文艺活动等方面信息，依托专业团队提供"家门口的专业服务"。中心配有多国语言同声传译设备，实现社区内无障碍沟通，为中外居民提供免费的日常交际、房屋租赁、生产经营等翻译服务。开设"家门口孔子学院"，举办各类丰富多彩的活动，免费为外籍人士培训汉语，累计为 10 万余人次外国人提供中国语言和文化培训。

用议事协商消除管理束缚感。鸡鸣山社区成立主要由外国人组成的"民情议事会"，探索大小事务由"黄皮肤""黑皮肤""白皮肤"商量着办的方法，通过民情议事、联动办事、现场晒事、开门评事，建立好"涉外服务清单"。年终召开中外居民代表会议，社区服务做得好不好，邀请外国人进行评议，推动外籍人士服务更实更细、更精准。社区充分发挥"民情议事会"作用，主动倾听"世界"声音，深入辖区收集梳理"需求清单"，在改造中注重融入国际元素，如社区中心广场开辟"外语角"，为外语沟通沙龙搭建平台；增设儿童益智攀爬球，改造提升绿化 4 万平方米，使中外居民"草坪联谊"成为一道亮丽的风景线。

用"以外调外"消除矛盾复杂感。鸡鸣山社区成立"中外居民之家自治委员会"，创新实施"以外调外"矛盾纠纷调解机制，由社区党委书记担任主任，吸纳外籍人士担任成员，共同做好涉外纠纷调解、政策宣传等。其中，来自伊朗的"中国女婿"哈米精通六国语言，经常参与社区议事、矛盾调解等工作。仅 2022 年他便调解各类矛盾纠纷 42 起，被居民们亲切地称为"国际老娘舅"，称赞他"老外不见外，留人又留心"。

用志愿服务消除生活"看客感"。鸡鸣山社区坚持党建带群建促社建，以工会、团委、妇联、科协等力量为骨干组建缤纷志愿服务队，吸纳外国友人组建国际志愿者服务队，全方位参与治安巡逻、文明劝导和消防检查等志愿活动。他们身着志愿者马甲，因肤色不同，被居民亲切地称为"洋打更"服务队。得益于超高的人气，国际志愿者服务队在礼让斑马线、停车秩序整治等方面的工作效率也非常高。面对居民的点赞，国际志愿者服务队成员纷纷表示："我是外国人，但不是外人"。

（二）融合未来社区的建设理念

义乌正推进"未来社区"建设，如城西街道的陆港未来社区，围绕"宜居 e 创·国际陆港"主题，通过社区资源微整合、场景微改造，打造人才公寓，聚焦于人才吸引和创新环境的营造，体现了面向未来的发展思路。浙江省第四批未来社区名单公布，义乌共有 5 个社区入选。其中，陆港社区为引领型未来社区，绣湖通惠社区、四季社区、诚信社区、北站社区为普惠型未来社区。义乌一盘棋推进"城市大脑 + 未来社区"基础设施、系统平台和应用终端建设，聚焦国际化社区、融合型大社区、大单元集中需求和高频问题，探索开发数字孪生城市治理应用场景，完善数据归集和反哺社区治理机制，深化"智慧宾王""友好丹溪"等社区服务数字化平台开发，构建前端即时感知、问题及时处置、事后评估监督的工作闭环。

典型案例：国际化社区中的数字驾驶舱

鸡鸣山社区在"数字驾驶舱"中植入"问需于民热力图"，对居民需求进行线上分类、智能分析，实现动态掌握、精准回应和评价闭环。2023 年 5 月，平台"低碳场景"中反映噪声污染多达 21 条，通过智能研判和精准整治，社区有效劝阻了夜市摊点和广场舞群体噪声扰民行为，获得中外居民连连点赞。数字与治理耦合联动，驱动不同国籍、不同民族、不同地区的居民共同构建"掌上国际家园"，在义乌和谐共处，共同畅享美好生活。

（三）结合城市有机更新与集聚

城市有机更新是指在尊重城市历史文脉和现有城市结构的基础上，通过科学规划和合理改造，提升城市空间品质和功能布局的过程。义乌的城市有机更新工作涉及多个层面，包括旧城改造、基础设施升级、公共设施完善以及住宅区的重建等。义乌作为中国乃至全球知名的小商品集散中心，其城市发展的步伐紧密关联着经济的国际化进程。近年来，义乌市政府积极推动城市有机更新，旨在改善城市面貌、提升城市功能、优化居住环境，并促进经济结构的转型升级，以更好地适应国际化的城市发展需求。义乌还在进行城市有机更新项目，包括下车门社区等未来社区试点，通过有机更新提升老旧社区的国际化水平，提供更加现代化的居住条件，同时，新社区集聚项目也在持续推进，以适应城市扩张和人口增长的需求。其对于城市国际化进程的作用体现在以下几个方面：

一是提升城市形象。有机更新有助于提升义乌的城市形象，使其更符合一个现代化、国际化城市的定位，吸引更多的国际投资者和游客。

二是优化营商环境。通过改善基础设施和生活环境，义乌能够为国内外企业提供更好的经营条件，促进商业活动的繁荣，提升其在全球供应链中的地位。

三是推动文化传承与创新。在有机更新中融入文化元素，保护和利用好义乌的历史文化遗产，不仅能够保留城市特色，还能促进文化的国际交流与合作。

（四）建立完善的基础配套设施

国际化社区的建设不仅限于住宅本身，还包括了国际学校、国际医院、绿地公园、文化中心等配套设施的完善，以满足外籍居民在教育、医疗、休闲等方面的需求，提升整体生活质量。①交通设施：义乌不仅注重本地交通网络的优化，如拓宽和新建城市道路、桥梁，还着重于国际交通连接的提升。义乌机场增加了国际航线，提升航空运输能力，同时，加强铁路、公路与港口的互联互通，特别是与宁波舟山港等重要港口的物流合作，强化其作为国际贸易枢纽的地位。②国际学校和教育机构：为了吸引并留住国际家庭，义乌投资建设了一批高标准的国际学校，提供从幼儿园到高中的国际课程，如IB（国际文凭）课程，这些学校通常采用英语教学，同时也融入中国文化教学，满足外籍人士子女的教育需求。③国际医疗服务：建立和完善国际医院和诊所，引进国外先进医疗设备和技术，提供多语种服务，聘请外籍医生和护理人员，满足外籍居民的医疗保健需求，提升整体医疗服务水平。④住宅区与商务区：开发高品质的国际化住宅区和商务办公区，这些区域设计现代化，配备完善的配套设施，如健身房、游泳池、儿童游乐场等，同时考虑国际居住习惯，营造舒适的生活和工作环境。⑤公共设施与服务：公共场所和公共服务设施，如图书馆、博物馆、公园等，逐步增加英文标识和多语种导览服务，提升对国际居民的友好度。同时，政府服务窗口提供多语种服务，简化外籍人士办理各种手续的流程。⑥信息通信技术：推动智慧城市和数字城市建设，提升互联网和移动通信服务的质量和覆盖范围，支持高速宽带和5G网络建设，方便国际企业和个人的沟通与业务开展。⑦文化和娱乐设施：建设多元文化中心、国际影院、国际美食街等，举办国际艺术节、音乐节和体育赛事，丰富居民的文化娱乐生活，促进文化交流。

（五）优化政策条例与服务举措

政府在政策层面给予强力支持，通过简化外籍人士居住和工作的行政手续、优化营商环境、提供多语种服务等措施，为国际化社区的居民和投资者创造了便利条件。义乌于 2022 年发布《义乌市优化国际化营商环境涉外服务十项举措》，具体包括：

①为符合条件的来义外籍商贸人员，提供口岸签证和境内换发多次签证便利，优化邀请外商来义政策，用好用足外事、商务双通道，实现人员精准邀请和精细服务，便利在义外国人停居留。

②加强医疗机构信息化建设，升级公立医院挂号系统，优化外籍人员就医流程，持续提升医疗机构涉外医疗服务能力，设立中医服务国际部，提供双语中医诊疗服务，开展朱丹溪中医药文化体验，推进朱丹溪中医药文化国际交流，推进医疗国际化建设。

③加大外籍人员子女入学政策宣传，满足外籍人员子女在义就学需求。

鼓励学校通过"千校结好"交流平台与国外学校开展结对和常态化交流，加强教育国际化交流。

④将国际创客园建设成为立足义乌、辐射区域、面向国际的中外青年文化交流平台、国际创客招引孵化平台和创在义乌的国际传播平台，孵化一批愿创、能创、争创的"国际新义商"，推动青年创业创新。

⑤加强移民服务中心建设，实体化打造移民服务中心大厅，优化完善线上移民服务平台功能，配套涉外政务服务专员队伍，提供触手可及的涉外政务办事、政策咨询服务，完善涉外政务服务平台。

⑥培育涉外咨询、公证等法律服务机构，多方融合，完善商事纠纷"诉仲调"一站式解决机制，增强外国人普法活动实效，优化涉外调解工作站点布局，提升涉外调解便利度。增强服务效能，增强涉外法律服务功能。

⑦完善实施市场采购贸易境外采购商备案规程，进一步加大政策宣传力度，扩大市场采购贸易境外采购商备案主体数量，便利在义外商外汇结算。推进境外来义人员支付便利化建设，多措并举打通支付服务堵点，推动移动支付、银行卡、现金等多种支付方式并行发展、相互补充，全力建设境外人员来义支付服务示范区，优化涉外金融服务。

⑧组织举办中外友人迎新春联谊会、"新丝路，跑起来"义乌半程马拉松、丝路文化节、国际音乐节等文体活动，引进国外优秀剧目，营造多元融合城市氛围。

⑨开展标识标牌国际化优化提升，以高铁站、机场、商贸城客运站、国际贸易服务中心、国际商贸城等公共交通、服务设施为重点，优化中英双语对照城市标识系统，优化城市国际语言环境。

⑩持续打造《万国创富潮》《"一带一路"上的创富潮》等传播精品，上线系列作品，讲好中外商人创业生动故事，充分发挥义乌"一带一路"国际传播中心效用，立体呈现"丝路义乌"图景，培育国际传播特色品牌。

（六）活化国际化社区文化建设

乔治·M·瓦拉德兹指出，多元社会中的少数族群因文化差异在政治决策中处于弱势地位，外籍居民在国际社区中如少数族群一般在协商决策中处于弱势地位[①]。因此，义乌重视国际化社区的文化建设，促进中外文化交流，举办国际文化节庆活动，增强社区内部的凝聚力和对外的吸引力，形成独特的国际化社区文化氛围。义乌在推进国际化进程中，也非常注重社区文化建设，旨在构建多元融合、开放包容的国际化社区环境，以吸引和留住更多外籍人士，促进文化交流与理解。主要包括如下几个方面：

1. 国际文化创客村建设

义乌李祖村打造了"国际文化创客村"，该项目通过改善村容村貌，挖掘并展示乡村特色，同时结合农旅、文旅、乡旅等项目，吸引了国际创业者和艺术家参与，促进了文化的国际交流与创新。

2. 国际化公共服务

义乌致力于提升政务服务的国际化水平，实现全天候服务和全球通办，这意味着外籍居民能更便捷地获取信息和服务，感受到城市的包容性。此外，外商服务的全方位覆盖，以及就业创业的全链条支持，也为义乌国际化社区的建设提供了坚实的基础。

3. 教育与语言环境

为了满足外籍居民及其子女的需求，义乌加强国际学校和双语教育资源的建设，提供多元化、高质量的教育选择，促进不同文化背景学生的融合。

---

① 乔治·M. 瓦拉德兹. 协商、文化差异与原住民自治［J］. 周岑银，译. 世界民族，2014（4）：69－74.

4. 文化交流活动

张宏亮指出，政府与外籍居民的行动源于政府主导、职能部门引导、开发商合作、街道牵头、社团组织和居民互动、物业协助的"社区文化共同体"制度。[①] 义乌国际化社区定期举办国际文化节、艺术展览、学术论坛等活动，为本地居民与国际友人搭建交流平台，增进相互理解和尊重。这些活动不仅丰富了社区文化生活，也提升了义乌的国际知名度和吸引力。

5. 社区服务与设施

建立和完善多语种服务平台，如社区服务中心、图书馆等，提供多语种服务指南和信息，让外籍居民能够更好地融入当地生活，享受便利服务。

6. 促进多元文化共存

鼓励和支持成立各种国际社团和俱乐部，如国际妇女俱乐部、足球队等，这些组织能帮助外籍居民建立社交网络，同时也是展示各自文化特色的窗口。

通过上述措施，义乌正逐步构建一个既保留本土特色又具备国际视野的社区文化环境，为实现城市的全面国际化打下坚实的社会基础。

典型案例：家门口的孔子学院

鸡鸣山社区家门口的孔子学院，自 2014 年开班以来，一直坚持为社区境外人员提供免费汉语培训课程，通过语言学习，提升他们的社区适应能力。服务采用了志愿服务积分兑换制，即优先考虑参加社区活动和志愿服务的学员来报名、注册和学习。每年分两个学期，三月底到六月底，九月初到十二月底；分为初级、中级两个阶段，每周三次课程，学完课程即颁发结业证书。在语言学习的同时，以节日为纽带，以志愿服务为桥梁，通过语言学习、文化体认、饮食交流等活动增进彼此的认识与理解。

---

① 张宏亮．天津国际化社区文化的构建思维透视［J］．特区经济，2012（7）：94 - 96.

类似家门口的孔子学院这样的精品活动还有很多，而且长期持续开展。开展丰富多彩的活动不是为了活动而活动，而是围绕中外居民增进了解、以社区为家、促进团结和友谊，构建一个"联合国社区"公共文化共同体的目标而进行的。用参与代替参加、用活动支撑行动、用文化增进文明，一个一个乐众惠民的品牌活动支撑起了"联合国社区"的"家文化"共同体。在"联合国社区"没有外人都是家人，没有难事都是家事。

综上所述，义乌国际化社区的建设正稳步向前，通过硬件设施的升级、软件服务的优化、政策环境的改善，以及文化融合的促进，不断提升城市国际化水平，为构建和谐共融的国际居住环境做出积极贡献。

四、义乌国际化社区治理经验

为深入调查义乌国际化社区治理模式，研究团队于 2023 年 1 月至 4 月，多次前往义乌江东街道进行实地调研和资料搜集。首先，团队通过查阅各类资料了解义乌国际化社区治理情况，如义乌市统计局、民政局、图书馆、江东街道等提供的书籍、视频、工作报告和新闻报道等。其次，团队通过非参与式观察并记录江东街道的社区氛围、文化营造、空间设置等环境因素，观察国际化社区的工作生活场景，为半结构化访谈进行心理和资料方面的准备。最后，团队对江东街道各社区多元族群、工作人员等进行半结构化访谈，共计访谈 18 人，访谈对象情况如表 1 所示。访谈问题主要包括社区参与的原因、内容、方式和感受等。通过三种调研方式所获得的研究资料能够相互佐证，符合案例研究所需的翔实性要求。

表 1 访谈对象基本情况

访谈人代码	职业（身份）	国籍	居住时长 / 年
FT001	外贸（老板）	也门	20
FT002	外贸（老板）	叙利亚	8
FT003	外贸（合伙人）	也门	5
FT004	外贸（老板）	摩洛哥	4
FT005	外贸（老板）	苏丹	15
FT006	外贸（老板）	巴基斯坦	20
FT007	外贸（员工）	也门	18
FT008	自由职业	叙利亚	13
FT009	外贸（员工）	约旦	5
FT010	外贸（员工）	约旦	6
FT011	外贸（老板）	伊朗	22
FT012	外贸（老板）	埃及	15
FT013	外贸（员工）	摩洛哥	3
FT014	留学生	埃及	10
FT015	义乌市外事办工作人员	中国	/
FT016	义乌同悦社会工作服务中心工作人员	中国	/
FT017	江东街道鸡鸣山社区工作者	中国	/
FT018	江东街道商博社区工作者	中国	/

根据系统组织理论，国际化社区作为一个系统，要注重多元主体间的协作[①]。要破解国际化社区治理困境，必须形成较为完善的基层群众自治机制，激发多元族群自主自治的主观能动性，通过自愿的合作行为解决治理问题。赋能型治理是一种多元主体自治的适配路径。赋能是通过相互信任、信息共享、目标互通等实现"决策权力的去中心化"，促使组织中每个人都能看到整体，能主动进行关键思考，组织个体都能自行视情况进行决策、采取行动，

---

① 切斯特·巴纳德.经理的职能［M］.杜子建，译.北京：北京理工大学出版社，2014：92–102.

促使组织做正确的事。赋能型治理是把重要的治理要素赋能到相应的治理主体中去，凝聚社会治理共同体的建设合力，促进社会治理共同体的协同构建，提升社会治理共同体的整体效能，推动社会治理共同体的高效运转，从而有效构建社会治理共同体。

赋能型治理的运行逻辑和实现过程涉及三个核心要素："赋能主体，赋能机理，赋能结果"，即谁来赋能，怎样赋能，结果如何[1]。通过调研发现，义乌江东街道通过党建引领下的组织赋能为"人人有责"提供了价值引领，解决了"谁来赋能"，创新变革中的机制赋能为"人人尽责"提供施展平台，解决了"如何赋能"，情感嵌入下的心理赋能为"人人享有"提升了治理效能，展现了"结果如何"。三者关系见图1。

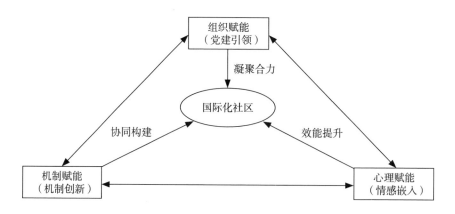

图1　赋能型治理视角下国际化社区治理共同体的分析框架

在开放型市场经济发展背景下，以往建立在血缘、地缘等传统社会联结基础上的共同体逐步消解，转而以城市街道社区的空间共同体来呈现，而国际化社区治理的法治化规则尚未完全建立，新型社会共同体的治理逻辑有待进一步完善。笔者结合对义乌江东街道的实践考察，依据"组织赋能—机制

---

① 何得桂，武雪雁.赋能型治理：基层社会治理共同体构建的有效实现方式——以陕西省石泉县社会治理创新实践为例［J］.农业经济问题，2022（6）：134-144.

赋能—心理赋能"的特色治理思路提升社区治理效能。

（一）党建引领下的组织赋能，凝聚社区组织共同体

随着国家对各级党建工作重视程度的不断提高，党建在社区治理中的作用日益凸显，发挥党组织的统领作用是形成社会治理长效机制的重要保障。以党建引领社区治理为核心，引导多元族群、企业、组织等积极参与社区治理，补齐主体治理能力短板。

首先，在组织赋能的基础上，通过"全域党建"等行动，将公众自发参与转变为组织化参与，实现政府、社会、市场的良性互动。利用机构嵌入优势，灵活整合基层社区，形成"时时为百姓利益着想，处处为国家和社会服务"的"天罗地网"。例如，在基层党组织的引领和党员同志的率先垂范下，将外籍人士吸纳进社区服务小组，实现"以外治外"，避免了很多文化冲突。

为充分发挥社区党建引领作用，鸡鸣山社区党委搭建了"1＋X＋Y"党建联盟。其中，"1"是指社区党委，"X"是指 20 多家共建单位，"Y"是指数量众多的社会组织。通过各方形成合力，更好地为社区居民提供优质服务。

江东街道鸡鸣山社区工作者（FT017）已从事社区管理工作 6 年，他分析了鸡鸣山社区外籍人士能够较为深入地参与社区治理的原因。

我们社区的很多党员同志都有很强的责任感，疫情整整三年，一大批有责任感、党性强、有威望的党员主动参加到疫情防控的第一线，他们的行动也影响到了很多外国居民（FT017004）。

（2023 年 3 月访谈于社区党群服务中心）

来自也门的老板巴基已经在中国做生意将近 20 年，他讲述了为何自己会参与社区的志愿服务。

> 疫情防控期间，大家都很害怕，不敢出去。鸡鸣山的工作人员帮助我们买吃的食物，送到我们家里，非常好。有时候，我和朋友也会去做志愿者，维持排队秩序，相互帮助（FT001032）。
>
> （2023 年 4 月访谈于外贸大厦）

其次，充分发挥党组织在社区治理中的核心作用，号召党员发挥先锋模范作用，组织其他群众参与到社区治理活动中来，如江东街道鸡鸣山社区成立了全国首家社区涉外人员服务中心。在党的领导下，政府、社区、外籍人士、志愿服务人员等多群体协同共治，针对外来客商普遍反映的热点问题，高效配合外事、税务、商务、出入境管理等部门，精准推送税费减免、市场动态、子女教育、医疗保健等信息，及时化解各类纠纷、打造社区治理共同体。

义乌外事办工作人员分析了用党建引领国际化社区治理的路径和相关的成效。

> 从 2019 年以来，我们就已经常态化开展"We are family"党建活动达 650 余场次，用党建工作来引领"联合国社区"治理工作（FT015026）。
>
> （2023 年 3 月访谈于义乌市人民政府外事与侨务办公室）

来自埃及的穆罕默德分享了义乌提升国际化营商环境的举措和感受。

> 我来义乌十五年了，以前办理出入境业务要取很多号，还要跑很多个窗口，现在只要"跑一次"，办理的时间也很短，效率很高（FT012014）。
>
> （2023 年 4 月访谈于某咖啡馆）

最后，通过党员引领和网格化管理实现基层治理的纵深贯穿。通过"党建＋网格"，把党的组织和工作覆盖到每个网格。江东街道通过选聘 1193 名信息员，触达社区的各个网格，收集民情民意，并将政策落实到基层。通过"书记下午茶""议事会"等多种形式，引导多元族群参与社区共建共治共享，构建社区治理共同体。为满足社区居民多样化需求，2012 年，鸡鸣山社区党委启动"乐众惠民"党群志愿服务工程，探索实施"党群骨干进网格收集民意、两代表一委员征询提议、'乐众惠民'议事会商议、志愿服务站认领落实、居民满意度评议"的工作机制，把服务送到居民的心坎里。累计志愿服务 2.73 万小时，服务 6 万多人次，解决问题 3400 多个 [①]。

江东街道鸡鸣山社区工作者分享社区对外籍人士的关注，积极响应外籍人士需求，举办"汉语班"、开展政策宣讲等。

> 从 2003 年鸡鸣山社区成立起，我们社区工作人员每年都会走访居民、收集民意。当时就发现，学中文是"洋居民"呼声最高的需求，所以就开始开设社区汉语班，到目前为止已经有将近一万名外籍学生"毕业"。很多外国人白天跑市场、做生意，晚上回到社区就来学中文，还是很勤奋的（FT017028）。
>
> （2023 年 3 月访谈于社区党群服务中心）

（二）创新变革中的机制赋能，凝聚社区机制共同体

系统组织理论认为组织稳定的关键是内部的利益平衡，国际化社区治理共同体的利益平衡需通过多元主体平等参与社会管理来实现，成果共享才能推动组织的稳定持续发展。义乌国际化社区的机制创新正是充分考虑了系统内部各利益主体之间的平衡，并提供了充分的参与分享机制。机制创新直接

---

① 王永宝，张瑜，安吟雪.义乌多元互嵌式融合社区治理模式研究［J］.天水行政学院学报，2021，22（4）：36-42.

影响着社会治理共同体的正常运转和社会治理能力的发挥，其核心行动逻辑可以通过社区治理模式的具体实践得以呈现。义乌结合其发展阶段、人口构成、资源配置等特质，参与主体由单一向多元转变，江东街道下辖的鸡鸣山社区走出了一条特色治理的新路径。

首先，社区在全省率先成立"中外居民之家自治委员会"，由社区党委书记担任主任，吸纳 11 名外籍人员担任调解员，共同做好涉外纠纷调解、政策宣传、服务指导等工作。在"以外调外"的过程中，社区并不是把政治、生活和社会空间场域的协同共治以"白纸黑字"的形式写在规范契约中，而是基于相互信任、相互支持形成的强关系嵌入，释放多元族群的自治活力和共同参与动力。针对社区多元文化交融实际，建立全国首个社区境外人员服务中心，创新"以外调外管外"机制，组建国际融合、民族团结、平安综治等 6 个自治委员会，吸纳外国客商、外卖员等担任兼职委员，推动"老外管老外""老乡带老乡"。如伊朗籍"中国女婿"哈米长居社区 16 年，先后调解涉外矛盾 107 起，帮助市场经营户跨国追回百万元欠款，被居民亲切地誉为"国际老娘舅"。深化民情议事会做法，每周五召集居民议事协商，推动社区大事和邻里小事由"黄皮肤、黑皮肤、白皮肤"商量着办，累计帮助协调解决外商减税降费等难题 58 个。

江东街道商博社区工作者介绍了街道的创新做法，主要包括"国际老娘舅"、老乡组团上门调解等方式。

来自伊朗、埃及和毛里塔尼亚的三位调解员，都是阿拉伯人，充分利用自己的朋友圈和影响力，以"老乡"组团上门化解纠纷，形成了良好的社区治理格局（FT018004）。

（2023 年 3 月访谈于社区党群服务中心）

江东街道鸡鸣山社区工作者认为当地人积极参与志愿服务一方面是因为热心和爱心，另一方面也因为有志愿服务激励机制，如积分、评奖评优等，所以也可以将相应的制度应用于外籍人士志愿服务管理。

　　为了激发外籍人士的志愿服务热情，我们实行志愿服务积分制管理，每次参与志愿服务，外籍人士都能获得社区志愿服务积分，他们可以"服务换服务"，例如可以换我们社区的汉语课程，鼓励他们融入社区治理工作（FT017012）。

（2023 年 3 月访谈于社区党群服务中心）

　　其次，通过社会公共服务购买的方式，引进专业社工组织。江东街道在社区建立"同悦"社工服务中心，为多元族群提供语言沟通、商务交流、法律咨询等专业服务；积极培育"洋打更志愿服务队""红石榴少数民族志愿服务队""新乡贤志愿服务队"等多个国际化社区社会组织，定期参与社区的治安、消防巡查、邻里纠纷调解等。社区党委通过购买服务、公益创投等形式逐步打造具有品牌特色的社会组织，实现社会治理创新的再优化。深圳蛇口的深圳湾社区，通过同"南风社工服务社"合作，提高了社区治理的专业化和智能化水平，而这个由青年发起、以青年群体为主体的专业社会服务机构，则在国际化社区服务中积累了涉外社区和人口的服务经验，并借此提高了在华南地区的社会影响力，进而有意愿凭借国际化社区的专业化服务能力在全国范围内拓展[①]。

　　义乌同悦社会工作服务中心是一家非营利性社会工作服务机构，同悦社工中心工作人员介绍了针对外籍人士的专业社工服务。

　　同悦社会工作服务中心已经入驻鸡鸣山、四季、复兴、金城、北站等 5 个社区，每年政府服务购买经费有 280 余万元，我们聘用了全

①　樊鹏.国际化社区治理：专业化社会治理创新的中国方案［J］.新视野，2018（2）：57-63.

职社工 30 名，通过这种方式为外籍人士提供专业的语言培训、法律咨询等服务（FT016007）。

（2023 年 4 月访谈于鸡鸣山社区三楼同悦办公室）

（三）情感嵌入下的心理赋能，提高社区共同体意识

根据系统组织理论，组织要给予成员一定的物质或情感激励来保持和提升成员的协作意愿，情感激励包括成员的满足感和归属感。因此，在国际化社区治理中，为了激发多元主体的协作意愿，需要除了组织赋能、机制赋能之外的心理赋能。心理赋能注重提高社区居民的自我效能，唤醒他们的自我意识，培养他们的主人翁意识，从而弱化公众对权力中心的疏离感，增强他们对社区公共问题的关注。

首先，以文化为媒介，注入情感要素。情感的培育往往需要在持续的治理互动中产生，义乌江东街道多年来以中华传统文化为媒介，开展婺剧表演、书画比赛，还利用元宵节、端午节、中秋节等传统特色佳节，举办赏花灯、包粽子、做糕点大赛等民俗活动，营造多元文化氛围。

江东街道鸡鸣山社区工作者认为文化融合需要桥梁，一方面是积极向外籍人士宣传中国思想和文化，另一方面也要让义乌本地人了解外国文化和风俗，这样"双向奔赴"才可以有效化解矛盾、增进理解。

坚持寓管理于服务中，通过专业培训、文化交流、个性服务，引导境外人员参与志愿服务和社区治理，推动"洋居民"爱上义乌、融入义乌、共享义乌，成为中外文明交流融合的使者。举措包括成立中外居民之家委员会（吸纳境外人员共同做好涉外纠纷调解、治安巡逻、政策宣传、商务办理等工作，形成"以外调外"的涉外服务新模式），建立全国首个社区境外人员服务中心（整合辖区资源，每天定时为境外人员开展汉语、书法、民俗文化等免费培训，目前已培训 6 万多人次），举办"我们的节日"系列活动（以文化为媒，围绕中外节庆开展各类文化交流活动），发放"'联合国'护照"（记录志

愿服务积分,凭积分可免费参加社区培训,促进境外人员融入本地生活)①。

> 逢年过节,我们会组织外籍居民参与中国传统文化体验活动,已经有 6 年的时间了,一开始是比较简单地贴对联、看春晚。后来越搞越好,越搞越丰富,现在已经变成有各国美食的"国际年夜饭"、中秋"下午茶"了(FT017035)。

> 我们把小吃街改造成世界美食集市,外国人可以在这里品尝到自己家乡的很多美食,例如阿拉伯烤肉、土耳其冰激凌、韩国紫菜包饭等(FT017038)。

> （2023 年 3 月访谈于社区党群服务中心）

其次,街道多个社区成立"民情议事会",以外国客商为主体,探索大小事务由"黄皮肤""黑皮肤""白皮肤"商量着办,赋予外国居民充分的话语权和参与空间。江东街道采取"一单一图"工作法,深入收集梳理外籍人士集中反映的需求,归纳整理成一张"涉外服务清单",亮晒"整改落实回音壁"对比图,推动精准化社区治理。

江东街道商博社区工作者对增进中外人士之间的情感交流的方法和制度进行了介绍。

> 江东街道出台的"议事会"系列活动,一般每个月举行一次,大家都对这些活动很热情。既是吐槽会,也是诸葛会,社区居民的意见在会上相互碰撞、融合,最后给出建议。这种非正式交流的场合也增进了社区工作人员和外国人的情感交流(FT018026)。

> （2023 年 3 月访谈于社区党群服务中心）

---

① 陈开源.国际化社区公共服务合作供给研究——以义乌市 J 社区为例［D］.金华:浙江师范大学,2022:46.

　　最后，义乌市人大每年都会邀请外籍人士代表旁听人民代表大会或参加座谈会，为义乌的发展出谋划策。旁听的外籍人士可与市人大代表同场听取报告，直接就义乌经济社会发展提出建设性的意见和建议。通过这种方式，可以有效地将外籍人士的需求正式反馈给各个相关部门，提升了外籍人士对政治生活的参与度，减轻政府的管理压力，为外籍人士表达群体诉求提供了重要平台。

　　来自巴基斯坦的萨姆埃和苏丹的穆德都在义乌生活了多年，他们都曾参加外籍人士座谈会，也在会上表达了外籍族群对社区和城市管理的各方面诉求。

　　　我已经在义乌生活了 20 年，在 2019 年的时候我参加了外籍人士旁听座谈会，当时我就向政府提出，在签证、教育等方面，要给我们这些长期居住在义乌的外国人延长居留许可的年限，我还建议义乌应该建更多的国际学校，方便我们的孩子上学（FT006037）。

　　　义乌很好，很国际化，开会的时候，我就建议政府要多向我们外国人宣传税收的新政策，对于怎么扣税要有人帮助我们，为我们解答疑问，帮助我们申请（FT005003）。

　　　　　　　　　　　　　　　　（2023 年 4 月访谈于某土耳其餐厅）

　　社会治理的研究存在两种研究取向：一种是政府的社会治理取向，治理的主体是政府；另一种是社会治理取向，即"社会"是"社会治理"的主体[①]。对应这两种取向，社会治理存在政府社会治理、参与式社会治理和社会自我治理三种类型，其中参与式社会治理是"协同治理"的一种形态，政府不仅是社会治理的主导者，也是社会治理的参与者。在国际化社区治理领

[①] 高建华，陆昌兴.参与式社会管理与社会自我管理：理论逻辑与实践指向——兼论社会主体视域下社会管理体制的构建［J］.上海行政学院学报，2016，17（2）：13-22.

域，社会治理共同体无疑是一种重要的参与式社会治理形式。中外人士在政治体制、意识形态、社会文化传统、认知习惯等方面均有不同，国际化社区治理是一项复杂的系统性工程，涉及涉外政策、国家治理、社区管理等方方面面，亟待社区管理方面的政策优化、管理提升和科学决策，应重点关注如何激发社区共同治理的效能和活力。

党建引领的组织赋能、创新变革的机制赋能和情感嵌入的心理赋能三者之间的有效衔接，是确保社区治理有效的重要内容，进而助推新型社区治理共同体建构。义乌江东街道通过"以外调外"的赋能型治理方式，坚定不移地以党建引领凝聚多元族群建设合力，以机制创新构建社会治理共同体，以情感嵌入型构多元族群身份认同。这已然成为打造中国方案的鲜活样本，能为其他国际化商贸城市的国际化社区治理提供借鉴。

与复合共治、多中心治理等社会治理模式相比，本书基于系统组织理论得出的"赋能型治理模式"具有如下三个特征：一是组织赋能提升国际化社区治理的黏性。以党组织政治势能带动国际化社区治理，深入挖掘国际化社区的治理资源，将零散的治理资源凝结为多元治理要素，将多元治理主体联结成密不可分、协同联动的社会治理共同体。二是机制赋能提升国际化社区治理的能力。赋能型治理不是简单地摆平、理顺和"灭火式"治理行为，而是以载体创新、技术运用、治理革新等来构建国际化社区治理常态化机制，提高多元治理主体的能力，实现国际化社区治理的"标本兼治"。三是情感赋能提升国际化社区治理的活力。通过多元文化互融互通形成情感赋能，加强国际化社区服务的普惠化和均等化建设，推动居民融合、文化交融以及成果共享，提升中外居民的获得感与幸福感，使社区充满活力又和谐有序。

五、义乌国际化社区治理模式探源

群际接触理论（Intergroup Contact Theory）可以解决群际冲突问题，

为促进各族群交往交流、完善国际化社区治理提供重要启示。群际接触理论基于西方社会心理学而创建，提供了消解群际冲突的新路径，并提出了群际接触最优条件（Optimal Conditions）。研究表明，未达到最优接触条件的群际接触不能促进群际关系优化，甚至还可能使群际关系恶化。群际接触最优条件主要包括四个方面：一是平等地位（Equal Status），即接触的各类群体在同一场域内拥有平等的地位，这是促进多元族群和平共处的基本前提；二是共同的目标（Common Goals），要设置各类群体可以努力达成的同一目标，如构建一个和谐平安的社区，促进居住环境的改善和提升等，共同目标是激发多元族群通力合作的动力，离开了共同的目标，群际接触就会停留在表层；三是群际合作（Intergroup Cooperation），只有相互合作才能促进多元族群的深度理解、文化交融和消解偏见，这是达到共同目标的必要路径；四是权威支持（Authority Support），即有制度、法律、政策等权威对多元族群接触的支持，权威支持是重要的外部保障[①]。平等、目标、合作和支持四个条件缺一不可，四者相互作用、相辅相成。

义乌外籍族群经济的发展有赖于外籍族群的艰苦奋斗和聪明才智，也有赖于义乌开放包容的营商环境和义乌小商品市场的独特优势。外籍族群经济的发展一方面使其获得了经济性效益，另一方面也对义乌多元族群社区治理产生了一系列非经济性效益。

依据群际接触理论，依托于义乌与外籍族群密切的经贸合作关系，多元族群之间构筑了平等的合作关系，设置了经济共促共荣的目标，在平等合作关系和经济发展共同目标的基础上，产生了紧密合作和交往，这些经济交往活动得到国家战略层面和区域、城市层面的大力支持，并通过各类制度予以体现，有力保障了多元族群的利益、增强了群际接触的动力、增进了多元族群之间的了解、增强了各族群的情感认同，最终实现了多元族群合作共赢、

---

① 李森森，龙长权，陈庆飞，等. 群际接触理论——一种改善群际关系的理论［J］. 心理科学进展，2010，18（5）：831-839.

团结协作的良好局面。

　　族群经济的发展为群际接触创造了平等地位、共同目标、群际合作和权威支持四大最优条件，最优的族群接触使多元族群能够增进了解、缓解焦虑、产生共情，实现从认知到情感的深层互融，激发国际化社区管理的创新改革，形成"多元共治、以外治外、文化互嵌、制度保障"的国际化社区治理体系。

（一）搭建多元共治的组织结构保障平等地位

　　社区治理机构包括官方的和非官方的各类组织和团体，官方的社区治理机构包括街道委员会、居委会等，非官方的包括业主委员会、居民自治组织等。义乌的外籍族群有意在义乌长期经营，积极建构多元化的社会关系网络，他们会积极参与各种社团活动，主动参加社区建设，愿意在社区、社团中担任各种职位。外籍族群经济的发展使各类非官方的组织日益形成，与官方组织一起参与社区治理，形成多元共治、地位平等的组织结构。外籍族群参与的社区治理组织主要包括三类：一是由商人组成的社团。例如阿拉伯族群成立的商协会、同族会、行业协会等，为社区的创新创业、文化融合和公益事业发展作出了积极贡献。二是志愿服务机构。义乌江东街道积极培育"洋打更志愿服务队"，定期参与社区的治安、消防巡查、邻里纠纷调解等工作，让多元族群有更多参与感。三是外籍族群创立的社区商业。外籍族群在其居住社区设立了公司或店铺，在社区做礼拜、社交、购物，这些商贸、宗教和休闲活动一方面带动了族群经济发展，另一方面也完善和巩固了社区治理结构。外籍族群的经济发展赋予了当地社区治理新的"生命"，推动社区治理从"一元"到"多元"的转型，避免了"硬治理"带来的社会矛盾和族群冲突，形成了各族群利益协商、共治共享的格局，保障了各族群的平等地位。

（二）构建以外治外的治理模式助力目标一致

　　根据群际接触理论，群际关系优化需要接触群体共同努力，且态度积极、目标明确。随着外籍族群商贸活动的增多，商业纠纷呈现出复杂化、多样化的态势，政府部门或社区工作者在处理纠纷的过程中存在语言不通、信任度不高和文化差异等问题，调解效果不甚理想。正是基于调解矛盾、减少纠纷、助力经济活动顺利开展这一共同目标，义乌创造性地形成了"以政府或社区为主导、外籍人士积极参与"的"以外治外"社区治理模式。该模式一开始为"以外调外"，即通过让同族成员参与涉外矛盾纠纷调节，避免了矛盾冲突、提高了调解效率。随着"以外调外"模式的不断成熟，社区治理模式逐渐发展为"以外治外"，即构建多元参与、多重互动的社区治理体系。如江东街道的鸡鸣山社区成立了"中外居民之家自治委员会"，由社区党委书记担任主任，吸纳外籍人员担任调解员，共同做好涉外纠纷调解、政策宣传、服务指导等工作，被称为"国际老娘舅"。在江东街道鸡鸣山社区，有"国际老娘舅"30 余名。义乌逐渐建立包容的治理生态，积极促进多元族群主动参与非制度化的自治管理，中外双方目标一致助力社区建设。

（三）消弭文化差异的文化互嵌护航群际合作

文化是民族血脉和民族之魂，不同民族拥有不同的文化，因此，当不同民族进行深入交流时，矛盾是不可避免的。只有文化互嵌，才能够助力多元族群的有效合作。文化差异消弭需要双方的共同努力。一方面，许多义乌的外籍商人愿意观察中国人的行为方式并加以学习来缩小双方的差异[①]；另一方面，社区积极宣传中国文化，还在社区环境、餐饮美食、生活服务等方面嵌入外籍族群文化。外籍族群经济的发展对多元族群社区的文化融合有如下三方面的影响：一是活动融合场域。族群经济的发展让当地政府和社区管理者日益重视外籍族群，主动进行文化阐释。如义乌江东街道多年来以中华传统文化为媒介，开展婺剧表演、书画比赛，还利用元宵节、端午节、中秋节

---

① 何俊芳，石欣博. 义乌阿拉伯商人的社会融入探究［J］. 西北民族研究，2020（3）：128-143.

等传统特色佳节，举办赏花灯、包粽子、做糕点等民俗活动，向外籍族群介绍中国的传统文化和社会习俗。二是工作融合场域。外籍族群企业也会雇佣部分本地人，在工作中，中外族群以实现良好合作为目标，按照产生冲突—解决问题—互相理解—融合发展的路径，进行潜移默化的跨文化交流，从而实现文化交融。三是生活融合场域。随着来义乌经商的外籍人士越来越多，义乌的生活世界也发生着奇妙的变化。如现在许多商店招牌上都写着阿拉伯文，公共场所也会用阿拉伯文做标识，有了穆斯林宗教活动场所，饭店和商店备有做礼拜用的毯子，各种口味的清真饭店日益增多。这些商店、饭店的经营者不仅服务外籍族群，也欢迎本地居民和游客到访，促使外籍族群主动了解中外文化差异，以便为消费者提供优质的服务。一些饭店、咖啡馆成为不同文化相互交流的场域，多元族群在这里吃饭、喝咖啡、交换信息、增进感情。因此，族群经济的繁荣能够促进工作和生活的各类跨文化交流场域生发，并进一步促进多元族群文化融合，护航多元族群有效合作。

（四）贯彻国家意志的制度改革形成权威支持

权威支持是实现国际化社区居民为共同目标而平等合作的根本保障。外籍族群在义乌的工作和生活，一直受中国对外开放和外国人管理等国家政策的影响。习近平总书记对义乌给予了特别关注，先后多次在重要国际场合为其参与"一带一路"建设、中外人文交流等构建人类命运共同体的具体实践点赞[1]。具体而言，族群经济发展对国际化社区治理的制度改革影响包括如下方面：一是城市管理支持。为了改善义乌的营商环境，义乌实施了外国人审批手续集中化、医疗保险共同化、多语言道路指示、英文公众号开发，设计外籍"商友卡"等以实现外籍人员基本公共服务、社会保障和日常管理等的"一卡通用"。二是社区管理支持。吸纳外籍人员参与社区服务管理和志

---

① 刘文革，杨志文．我国地方参与人类命运共同体建设的机理与路径——基于义乌案例的分析和启示［J］．浙江学刊，2019（2）：12-17.

愿者活动，成立涉外纠纷人民调解委员会，聘请各个国家的外籍调解员，力促多元族群融合，构建起社会力量协同共治的发展新格局。三是社会工作组织支持。江东街道购买了义乌同悦社会工作服务中心服务，为社区外国人免费提供语言培训服务，帮助外国人解决生活、法律咨询、商务交流、社会参与等方面的问题，促进中外居民间的交流互动，积极营造多元文化氛围，向本地居民介绍外国人的文化和风俗习惯，向义乌外国人介绍中国的文化、习俗和法律，提高双方的跨文化交往能力[①]。义乌国际化社区治理得到了国家权威、法律法规和相关制度的保驾护航，为国际化社区治理提供了法律政策支持。

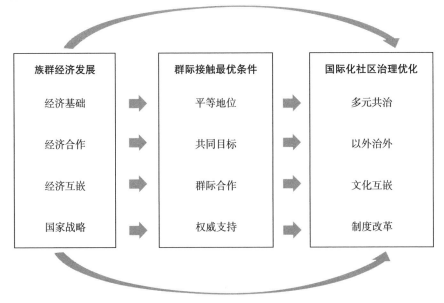

图 2　基于群际接触理论的族群经济发展对多元族群社区治理的影响

本章基于群际接触理论，将族群经济作为解析与洞察社区组织结构、社区治理模式、社区文化融合以及社区政策环境的独特变量与视角，探究了族

---

① 陈宇鹏.多元族群社会与互嵌型社会的构建——以义乌的实证研究为例［J］.北方民族大学学报（哲学社会科学版），2018（6）：113-118.

群经济在社区治理中的非经济溢出效益。研究发现，族群经济的发展提高了社区社会结构的组织完整性，以社团组织和族群企业为纽带，同族群成员之间建立广泛联系并扩大社会交往空间，组织与个体之间的相互关系巩固了社会结构。同时，族群经济的发展也更新了族群社区治理模式，构建了一个多元参与、多重互动的社区治理体系，充分调动了族群成员参与社区治理的积极性，有效促进了社区文化融合，减少族群成员与管理者因文化差异引起的矛盾和冲突。

第四章
义乌国际化社区治理的策略与方法

一、义乌国际化社区建设文化创新

浙江作为改革开放先行省、共同富裕示范区，是全面展示中国特色社会主义制度优越性的重要窗口，其"点石成金""无中生有"的发展经验背后，有着深厚的浙江文化价值意蕴作为基底色彩与内生动力。讲好浙江发展故事、挖掘浙江优秀文化基因，并将其有机融入基层社区治理的内容设计、制度制定与体系建构，有助于推动国际化社区的和谐、融合发展。

文化具有维系和联络社区居民价值、情感、道德的内生力量，在社区治理的过程中，用兼容并蓄的多元文化理念，让各族群人民参与社区事务协商，共建共治，从而推动社区治理的有序开展。借助文化的约束力、感召力，将中国特色社会主义核心价值观、中华优秀传统文化、地方优秀特色文化渗透至社区文化中，深化各族群对主流价值观和文化的理解和认同，提升国际化社区的凝聚力。在社区治理的过程中，积极整合与创新应用当地文化资源，用文化的理念与思维处理政治、经济、民生等问题，同时依托多样化的载体形式，"以人为本"发挥多元族群的主体性从而实现自治，有利于多元族群实现身份的跨越式建构，推动构建各民族、中外文化的多元共生局面，从而推动现代化和谐社区建设。

价值观念、道德观念、风俗文化等文化内容是一个社会行为、思维方式的内核根源。浙江文化是义乌社区治理过程中所形成的理念、机制、模式、政策等的逻辑基底。义乌形成了多个大杂居、小聚居的国际化社区，文化异质性互动较强，社会基层治理工作面临的局面较为复杂。义乌国际化社区治理通过加强民主管理、促进文化共融、创立文化交流品牌、助力语言培训、开展技能培训、邀请社会组织参与治理等方式创新治理工作，形成了一套行之有效的治理模式，有效推动了多元族群间的互知、互信、互融。

（一）多元包容的兼容态度——形成多元融合的国际化社区

浙江的文化在浙江的山水地理环境、自然资源条件和生产生活方式的影响下，不断发展、传承和丰富中产生，也通过不断吸纳外来文化实现兼容并蓄、更新迭代。一方面，随着北方中原文化的南迁，浙江人在保有浙江本土文化特色的基础上，吸纳了中原文化的精华。另一方面，受限于七山二水一分田的自然条件和人口不断增加的压力，浙江人不断向外探求更大的发展空间。宋代以后，浙江文化对内吸纳内陆文化，对外吸收海洋文化，形成了浙江务实创新、包容多元的开放文化。在此文化影响下，义乌形成了多个包容性国际化社区。例如义乌"联合国社区"——鸡鸣山社区，通过打造"中国人与外籍人和谐共融、汉族与少数民族和谐共处、本地居民与新城市居民和谐共生"的"三和谐"主题工程，推出了家门口孔子学院、民族团结融书苑、乐众惠民志愿服务等 60 余个免费服务项目；通过设立志愿者服务积分制、社区管理一日体验、"你我来服务"等多种形式有效促进中外居民参与社区治理工作。不排外、不拒外，让"外国人外地人来了就是家里人"和"兼容并蓄、多元包容"的文化基因深刻影响着义乌社区工作的工作模式、制度体系，营造了国际化社区的和谐共生局面。

（二）以民为本的人本观念——构筑社区居民的命运共同体

社区的认同感和归属感来源于居民对社区行为的信任和认可。创建社区共同体的关键是形成利益团结的纽带，促进社区的发展。纽带在连接社区内的个人和团体方面发挥着物质和心理层面的作用[①]。"百姓日用即道","穿衣吃饭,即是人伦物理",在浙商看来,"仓廪实"与"知荣辱"是同向同行的,百姓日用就是"大道"。浙江自古以来以民为本、义利并举、商贾众多,这种文化风气是浙商成长、浙江经济发展的基本动力。由于农田、矿产等资源缺乏,通过发展商业来使民众实现美好生活,是浙江社会和谐、确保国家安定的重要举措。习近平总书记强调在社会历史发展中人的主体作用,只有尊重人、解放人、依靠人和为了人,才能在解决问题时,坚持历史的尺度和人的尺度。习近平总书记在调研浙江时就对"发展动力"进行了深刻的思考,认为民营经济是浙江经济发展的根本性优势,而社会经济发展的成果也要为大多数人共享。

国际化社区具有异质性、差异性和流动性特点。在此背景下义乌全面贯彻"以人为本"的发展理念,充分发挥在义外国人、外地人参与社会治理、社会发展的能动性、主体性,同时让他们共享发展成果,实现社区居民"文化共融、精神共鸣、物质共富"。义乌鸡鸣山社区结合未来社区建设,谋划"千籽环抱"民族工作数字化应用场景,对辖区外国人的基础信息实时更新,精准分析居民需求,开展电子商务培训,开设古兰舞蹈培训、乃比利画室等服务项目,满足外国人及其子女的文化艺术培训、生活、创业、参与社区治理等需求。同时,对近年来开展的各类服务、活动按照场次、服务人次和满意度进行汇总分析,为今后工作提供数据支撑,让外国人共享数字化改革红利。

(三)义利并举的务实作风——构建和谐共生的国际化社区

商业文化氛围浓厚的浙江有着本末并重、义利并举的社会习俗。南宋浙东学派永嘉学派的代表人物叶适主张"以义和利""义利并立",提出了"善为国者,务实而不务虚"的治国理念;南宋永康学派的代表人物陈亮强调"功

[①] 刘淑妍,吕俊延.城市治理新动能:以"微基建"促进社区共同体的成长[J].社会科学,2021(3):3-14.

到成出，便是有德，事到济处，便是有理"；明代思想家王阳明（浙江余姚人）倡导士农工商"四民平等"；明代思想家黄宗羲（浙江余姚人）提出"工商皆本"。浙江的"事功文化"和"实用主义"的行动指南，让"老百姓经济"蔚然成风、快速发展，撑起了浙江经济的大半壁江山。对于浙江人来说，不仇富、不内耗，崇尚勤劳、称赞智慧、共同发展的"互利共赢"，即为"大义"。

习近平总书记强调，"以史为鉴、开创未来、必须不断推动构建人类命运共同体"，坚持合作、不搞对抗，坚持开放、不搞封闭，坚持互利共赢、不搞零和博弈。义乌坚持贯彻互利共赢、构建人类命运共同体，构建多元族群的共富共赢机制。2015年，义乌市商务局组建世界商人之家，帮助外商获取义乌商贸信息、国际贸易信息。义乌1.5万名常驻外国人可以通过这个平台进行交流、合作，这个平台既给外国商人提供了创业、淘金的机会，又拉动了义乌经济的发展，成为了各国沟通的桥梁和纽带。义乌积极吸引和大力支持外来人员来义乌创业就业，并通过政策红利赋能、社会组织带动等方式给予精准帮扶。

（四）敢为人先的创新精神——打造国际化社区治理的样本

"敢为人先、勇于创新"既是时代精神的核心内涵，也是浙江文化的鲜明特征。王阳明之父王刚在《传习录》中提到"吾心之良知，即所谓天理也"，彰显着个性与人格独立；清代思想家龚自珍（浙江杭州人）在《龚自珍全集·上大学士书》中有"事例无不变迁，风气无不移易"，体现了一种求新求变的思想内核与精神特质。第一张私人工商执照、第一家私人银行、第一个股份合作制企业、"无中生有"的"义乌市场"，开创新型商业形式的阿里巴巴集团等，都是浙江人勇于第一个"吃螃蟹"、敢为人先创新精神的生动实践。

义乌在国际化社区治理中，创新治理模式、工作方式，让外国人、外地人加入、融入地方社会，参与社会经济建设，为全国国际化社区文化治理提供了可借鉴参考、可实践应用的样板模式。在义乌鸡鸣山社区，在全省率先成立"中外居民之家自治委员会"，实施以外调外矛盾纠纷调处化解机制，由社区党委书记担任主任，吸纳外籍人员担任调解员，共同做好涉外纠纷调解、政策宣传、服务指导等工作；通过社会公共服务购买的方式，引进专业社会工作组织，在社区建立"同悦"社工服务中心，为多元族群提供语言沟通、商务交流、法律咨询等专业服务；发放"联合国护照"，记录志愿服务积分，凭积分可免费参加社区培训；积极吸纳外来人员参政议政，请外来人员担任政协委员，从 2006 年起，每年还邀请 10 名外来少数民族代表列席、旁听政协会议，参加人大座谈；同时，多元族群聚居社区创设惠民议事会，选聘外国人和外来人员兼职委员，参与社区公共事务的商议。这一系列创新做法，引导外国人、外来人员逐步树立"主人翁意识"，培育了他们对当地社会、所属社区的归属感、认同感。

2014 年浙江省委省政府出台的《关于深化义乌国际贸易综合改革试点的若干意见》，对义乌提出了建设"宜商宜游宜居国际商贸名城"的战略要求。 在这一背景下，义乌迅即出台了《义乌市境外人员社区管理和服务实施办法（试行）》，在全国率先提出要 "让境外人员平等地享有社区服务、参与社区决策、促进社区交流、建立境外人员社区归属感和责任感、共同营造国际性融合社区"的具体政策目标。这意味着来华外国人的"居民化"社区融入进入了实质性的发展阶段，包括回应他们在住房、生活、教育、医疗、社区参与、文化活动、社会交往、证件办理等多方面的现实需求，进行社区居民化的赋权、管理与服务。

二、义乌国际化社区建设机制创新

（一）党建引领、多元主体参与的组织机制

在中国特色社会治理体系下，国际化社区同样会坚持党组织的领导核心作用，可能通过"大党委"工作机制，协调各方资源，引导多方参与，包括外籍居民共同参与社区治理。近年来，义乌创新推行"党建＋单元"机制，把工作重心下沉至楼道等最小单元。利用数字化手段改革创新治理模式，依托微信塔群互动联通全市238个党群服务中心、3.34万个"最小单元"，打通服务国际友人的"最后一公里"；打造多场景应用，协同23个部门，打通17个关联系统，精准提供民生需求、活动预约、场所管理、教育引导等服务。

借鉴义乌农村社区治理的经验，国际化社区推行"民主选举、民主管理、民主决策、民主监督"的制度，确保外籍居民也能参与社区的决策过程，享有相应的权利。推动政府、社会组织、企业和居民等多元主体的合作，形成党委领导、政府负责、社会协同、公众参与的治理格局。特别是与国际组织或领事机构的合作，处理涉外事务，提供更专业的服务。

典型案例：创设"民情议事会"

义乌大力推进"以外调外管外"，在外籍人士集聚的社区建立中外居民自治会等自治组织，吸纳流动党员、外籍人士担任委员，组建外籍志愿者队伍，鼓励和引导外籍人士参与基层治理，将服务对象转变为工作力量。创设"民情议事会"，每周五把居民聚起来，社区大事和邻里小事都由"黄皮肤""黑皮肤""白皮肤"商量着提、商量着办，《中国社区报》报道显示，截至2023年9月，累计帮助协调解决外商减税降费、子女就学等共性难题58项。鸡鸣山社区"国际老娘舅"哈米，先后调解涉外矛盾107起，帮助市场经营户跨国追回欠款；词林社区"洋协管"奥兹坎空余时间加入义乌世界商人之

家，协助民警对外籍人士进行例行检查并参与各种社会活动等；词林社区成立词林移民事务服务站，由外籍人士穆罕奈德担任"奈德之家"志愿者团队负责人。实行志愿服务积分制管理，为外籍人士发放社区"联合国护照"，记录社区志愿服务积分，鼓励和引导他们融入基层治理，累计有 32 个国家的 770 余名外籍志愿者参加志愿服务 5 万余小时，有效调动了外籍人士参与社区治理的积极性、主动性。

鼓励外籍居民参与社区治理，通过成立多元文化顾问团、国际居民议事会等形式，让他们的声音被听见，让他们参与到社区规划、决策中来，增强他们的社区归属感，营造共治共享的氛围。

典型案例：社区里的国际老娘舅

2003 年，哈米来到中国采购商品，随后在义乌创办进出口贸易公司，生意不断发展壮大。因为会说汉语、英语、波斯语、土耳其语、日语、西班牙语，再加上天生热心肠，哈米多年来帮助过不少外籍人士融入义乌，他的电话号码甚至成为"求助热线"。

"据我所知，不少外籍人士也加入了义乌的志愿者组织，开始帮助别人。"哈米说，朋友们还开玩笑道"'哈米'越来越多了""'哈米'不仅仅是他的名字，仿佛成了乐于助人的符号"。

（二）兴商建市、共商共建共享的法规机制

长期以来，对外贸易被看作义乌地区经济增长的"生命线"，"一带一路"倡议给义乌对外贸易带来更大的空间，中欧班列的开通更是促进了"一带一路"共建国家的贸易往来。因此，义乌坚持和深化"兴商建市"，在经济活动中贯彻"共商、共建、共享"的交往原则，围绕在义多元族群的工作和生活，义乌出台了一系列有利于其融入社会的法规、政策和制度。

一是法规和政策方面。在义乌符合条件的外国人可以申请 2 年期外国人居留许可，极大便利了义乌外国人的工作和生活；实施新版"外国人来华工作许可证"，提升义乌国际化人才工作水平；出台了《义乌市外国人商会组织备案试行办法》，规范和促进义乌外国人商会建设和发展；完成城市国际化"十项举措"，主要包括涉外审批服务、引进海外高层次人才、便利外国人医疗服务、完善在义外国人子女入学政策、丰富在义外国人文化生活、组织外国人参与社会事务等方面。

二是便民服务和指导方面。包括发放多语种《365 便民服务手册》《外国人入境须知》《在华出生外国婴儿须知》等，内容涉及签证、家政、医疗、房屋租赁等工作和生活方方面面；每年两会都会邀请外国人参会并聆听《政府工作报告》，并邀请外国人代表参加座谈，直接向义乌市政府建言献策。义乌除了安排外籍居民在议事会担任议事员，还邀请外籍居民参与民主管理监督，鼓励积极献言献策，提高对社区的认同感、责任感，引导外籍友人逐步树立"主人翁意识""公民意识"。

（三）三张清单、三个导向的服务培训机制

义乌建立需求清单、资源清单、项目清单"三张清单"工作法。义乌始终坚持问题、需求、民生"三个导向"，抓实需求、资源、项目"三张清单"。"社区—网格—微网格"三级联动，发动志愿者重点收集归并外来人口需求形成"需求清单"。鸡鸣山社区连续 5 年开展"幸福来敲门"活动，通过一张"幸福问卷"，精准定位境外客商"急难愁盼"，设立社区境外服务中心，连续 8 年开设"家门口的孔子学院"，使其成为不少外籍人士融入义乌的首站。统筹辖区单位、共建单位、社会组织资源，推动优质服务触手可及、就在身边。金城社区主动对接公安局等单位设立移民事务服务站，为外籍人士提供临时住宿登记办理、签证网上预约、涉外企业登记备案等一站式管理服务，实现出入境全周期管理。精准对接需求和服务资源，形成服务群众项目

清单。南苑社区精准对接联盟资源，为韩国籍商户开办"舌尖上的南山里"直播活动，引流2万余人，拉动消费超百万元。语言交流不仅是促进国际化社区各族群居民交流融合的重要前提，也是增强社区居民文化认同、促进居民共同富裕、形成中华民族强烈共同体意识的关键。义乌推动"校地合作"，政府、高校、社区和社会力量"四方协同"，借助当地高校的优秀教学资源，开展语言培训，服务外籍人士2万余人次。培训地点由鸡鸣山社区向宾王社区、长春社区等全市重点社区扩展，培训内容由单一的语言文字教学向法律法规宣讲、经典文学诵读等拓展。

典型案例：精准服务外籍人口　开展社区语言培训

义乌是我国常驻外商最多的县级市，义乌江东街道鸡鸣山社区本地户籍人口只有3512人，却集聚了74个国家和地区的1388名境外人员，是我省境外人员居住密度较高的社区，被称为"联合国社区"。外商刚到义乌，语言不通，容易引起误会和冲突，怎么办？"家门口的孔子学院"应运而生。

"只要登记基本信息就可以入学，一年两期，分初级班和中级班。"鸡鸣山社区新时代文明实践站社工池圣灵说，最新一期于2023年9月18日开班，来自伊拉克、乌干达、巴勒斯坦等20多个国家和地区的70余名外国人报名参与。

除了汉语学习，实践站还开展西语角、阿语角等小语种语言交流学习。"去年4月成立至今，学习群已有400多名成员，基本上做到一天一句话、一周一堂课、一月一活动。除了学习西班牙语，西语角还定期组织学员体验西语系国家的文化，以及中国传统文化和风土人情。"主持西语角的罗丽女士，曾任西班牙《中国报》总编，在西班牙生活了近20年，她深知语言交流的重要性，"和外商交朋友、做生意，语言互通就成功了一大半。"

（四）国际视野、专业精干的人才引育机制

鉴于国际化社区的特殊性，应重视培养和引进具有国际视野和跨文化交流能力的社区管理人员，提升社区治理的专业化水平。着眼于新时期国际化社区工作的长期性、专业性和敏感性，组织人事等部门可提前择优选取一批基层青年干部纳入国际化社区工作骨干培养范围。依托党校、社会主义学院、干部网络学院等平台，每年举办社区基层工作培训班，组织社区骨干全员参加培训，提升参训人员的国际化社区工作能力和跨文化沟通能力，保障基层民族工作更加有效地运转。

三、义乌国际化社区建设平台创新

义乌在推进国际化社区建设的过程中，采取了多项平台创新措施，以适应其国际化发展需求，提升社区服务与管理水平。以下是一些平台创新的关键点：

（一）信息化、交互化数字服务平台

义乌利用数字化技术，构建了服务于国际化社区的线上平台，如移动应用程序或网站，提供多语种服务，包括签证办理、法律咨询、租房购房信息、教育医疗指南等，实现服务的便捷性和高效性。依托义乌在"最多跑一次""义网通办"等现行改革的优势，实现国际化社区工作全覆盖。义乌通过创建社区论坛、微信群组或社交平台账号，促进中外居民之间的信息交流与文化分享，增强社区凝聚力，同时也作为收集居民意见和反馈的重要渠道。将大数据及云计算等新信息技术广泛运用于外籍人士的管理与服务中，减少人工甄别核查的工作量，精准回应居民需求、快速响应居民诉求。围绕"境外人员、创业者"等群体的实际需求，开发特色应用场景，让各种服务一键精准直达。依托"浙里办"App，用诚信积分串联各个应用，数字化记录社区居民全生

命周期轨迹，以技术手段夯实诚信社区基础。

典型案例：陆港未来社区的"1+N+X"平台体系建构

义乌在未来社区数字化建设中，搭建"1+N+X"平台体系架构，即1个全域底座，N项标准应用，X个社区特色应用开发。秉持需求导向，搭建"数字家庭"全域未来社区智慧服务系统，重点托底"一老一小"服务，集成"健康义乌""学在义乌"等热点应用，开发上线招聘公告、创业沙龙等特色应用，同时链接全市教育、医疗、交通等优质资源，开设线上活动报名、场地预约、积分兑换等模块，涵盖居民生活方方面面。

（二）一站式、复合型涉外服务平台

考虑到义乌的商贸特性，社区可与当地市场、商会合作，为国际商人提供一站式商务支持和生活便利服务，如商务签证咨询、国际贸易培训、国际物流解决方案等。在国际化社区内或附近设立一站式服务中心，整合政府服务、社会服务和商业服务资源，为外籍居民提供包括但不限于签证续签、税务咨询、商务注册、语言翻译等全方位服务。

典型案例：一站式、复合型涉外政务服务平台

国际贸易服务中心设立涉外超市服务区，进驻商务局涉外服务中心、外侨办、民航局等政府部门，为企业和在义外商提供面对面的政策信息咨询、涉外纠纷调处、业务代办、外文翻译、民航售票等服务。国际贸易服务中心还专门开设了综合业务代办窗口，办事群众可以委托窗口，代办电子口岸IC卡办理等相关业务以及需要在行政服务中心办理的涉外业务。2016年7月进驻司法局"一带一路"涉外纠纷调解委员会，由政府部门和外籍志愿者共同参与涉外纠纷调解，为市场和企业提供涉外民间矛盾纠纷调解、涉外法律咨询和纠纷投诉等服务，搭建中外客商之间沟通的桥梁。商务局涉外服务中心在二楼打造世界商人之家活动区，为外商提供一个俱乐部活动策划、会议、交流以及成果展示的场所。国际贸易服务中心充分利用外商集聚优势，引导各部门、组织参与，发挥平台交流活动功能，已先后组织或配合商务局、公安局、外侨办、司法局、国税局、商城集团等部门组织外商和企业在平台开展涉外政策宣讲、法律培训、座谈会等学习活动 50 余场。

"最多跑一次"改革以来，义乌市国际贸易服务中心始终坚持"一网（浙江政务服务网）通办"原则，依托浙江政务服务网的电脑端和移动端（App）两个平台，采取"网上申请、在线办理、快递送达"的模式办理业务，目前已有外资企业登记、外商投资企业设立、对外贸易经营主体备案、原产地证书、外国人邀请函办理、APEC 商务卡办理等 12 项涉企涉民办事频率较高的事项实现了"一次不用跑"，最大限度地方便外商。为了打通部门间的"信息孤岛"，促进信息之间的互通关联，通过身份证号、统一社会信用代码、项目代码建立了一号关联，在数据之间搭建关联的桥梁，原来被视为"垃圾"的数据转型为信息"宝藏"。比如，营业执照信息原来只有法人代表名字，在建立了法人代表身份证号这一关联信息后，就能确切了解该营业执照与其他证照之间的关系。

建立专门针对外籍人士的法律援助机制，提供关于居住权、劳动权益、商业合同等方面的法律咨询服务，保障其合法权益不受侵害。

典型案例：义乌市涉外纠纷人民调解委员会涉外解纷工作法

2013 年，义乌成立了全国首个涉外纠纷人民调解委员会（简称"涉外调解委员会"），创新推出涉外纠纷"以外调外"方式，并邀请在义乌外商参与调解工作，开创了新时代涉外版"枫桥经验"多元纠纷调解新模式。截至 2023 年 10 月，义乌已经组建了一支由来自 13 个国家、14 名外籍调解员组成的涉外调解员队伍，涵盖英语、德语、法语、俄语、西班牙语、阿拉伯语、韩语、罗马尼亚语、汉语等 9 种主要语言。

随着贸易的深入，"国际老娘舅"的调解越来越难绕开"法律"。为此，义乌建立了律师与外籍调解员"1+1"结对机制，为外籍调解员提供法律咨询和协助；探索聘请两名语言熟练、经验丰富的外籍调解员担任首席法律咨询专家，对其进行调解能力和法律知识培训，为疑难复杂涉外纠纷的调解提供支持①。

（三）多语言、国际化医疗保障平台

开发面向国际化社区的医疗健康服务平台，提供多语种医疗服务预约、国际医疗保险对接、外籍医生咨询服务等，确保外籍居民能够获得便捷的医疗服务。

典型案例：外国人在义乌也能用"国际医保"了

义乌浙医四院国际门诊护士按照医院国际医保患者看诊流程，帮助Mattews联系了医生，骨科滕冲医生用非常流利的英语为其无障碍看诊，给了患者非常好的就医体验。医生的流利英语和工作人员热情周到的服务让Mattews称赞不已！

就诊完成后，Mattews无须自己垫付医疗费用，而是直接用MSH国际保险卡完成缴费，费用由保险公司承担，这是她第一次在义乌使用这张国际医保卡，"Great！"

浙医四院与国际最大的外籍人士保险服务提供商之一MSH CHINA签订了合作协议，浙医四院成为浙中地区唯一一家能为MSH健康险的外籍人士提供国际医保服务的单位，省去了报销流程，只用带上保险卡直接来就医即可。据悉，在义乌购买MSH保险的人群集中在枫叶国际学校的40余名教师及其家属，另外还有一些在义经商的外籍人士。

---

① 肖春霞.让外商在义乌安心创业、舒心生活［N］.浙江法治报，2023-11-07（3）.

（四）多元化、合作化文化交融平台

定期举办国际文化节、国际美食节、体育赛事等活动，搭建文化交流平台，促进不同文化背景的居民相互了解和尊重，增进社区多元文化的融合。鼓励并支持国际志愿者服务，建立国际志愿者队伍，参与社区治理、环境保护、公益活动等，加强社区成员之间的互动与合作。

典型案例：打造"我们的节日"文化交流品牌

2024年2月6日，义乌江东街道鸡鸣山社区举办"我们的节日"新春活动。住在社区的境外人员穿上唐装，与本地居民一起，品特色美食，制作团扇、灯笼，书写春联福字。社区居民还邀请他们到家里聚餐、贴窗花、挂灯笼，沉浸式体验中国春节，感受中国优秀传统文化的魅力。

通过这些平台创新，义乌国际化社区不仅提升了服务效率和质量，也增强了国际居民的归属感，提升了满意度，促进了社区的和谐共融。

四、义乌国际化社区建设技术创新

义乌国际化社区在治理方面引入了多项技术创新，以提高服务效率、促进居民参与和加强社区管理，具体包括以下几个方面：

（一）智慧社区、掌上社区等技术

利用物联网、大数据、云计算等技术构建智慧社区平台，实现对社区信息的实时收集、分析与处理。平台通常集成了安全监控、环境监测、公共服务预约、居民互动等功能，为居民提供便捷服务，同时帮助管理者高效决策。

典型案例：义乌丹溪社区"数字底座"守护万家灯火

作为浙江省首批现代化社区之一，义乌北苑街道丹溪社区既有开放式小区，也有封闭式、旧改小区，常住人口约 1.5 万人。居民可以通过"友好丹溪未来 e 家"微信小程序，向社区反映问题、提出建议，网格人员核实具体情况后，会很快对接并解决相关问题。

只需动动手，"友好丹溪未来 e 家"微信小程序成为居民的"掌中宝"。在该小程序上，居民首先要"自报家门"，小区房屋具体单元楼、门牌号以及住户姓名、手机号码，通过平台服务场景"我要报事""邻里志愿"等板块，反映自己的实际需求，社区会及时"接单"解决。"通过搭建智慧小程序等民主协商共治平台，吸引居民积极参与到社区共治，畅通交流渠道，有助于打造更加便捷、利民、宜居环境。"丹溪社区相关负责人说。

利用数字技术提升社区治理效率，比如开发适用于多语言环境的社区 App，提供在线报修、意见反馈、活动报名等功能，同时集成智能监控、大数据分析等手段，实现社区安全管理和资源的高效配置。

典型案例：义乌鸡鸣山未来社区服务端上线"浙里办"

2021 年 8 月，"浙里办"App 的"数字社会"专区"我的家园"板块正式开通，义乌鸡鸣山未来社区服务端也同步上线，成为全省首个登录"浙里办"的未来社区服务端。这是"浙里办"应用首次穿透街道、社区定位，正式打通基层社区最后一公里的实践突破。

鸡鸣山未来社区通过构建"城市大脑＋未来社区"核心应用场景，承接社会事业"12 个有"精准落地。在 2021 年上半年承接"文化大脑＋社区文化""健康大脑＋智慧医疗"多跨应用落地社区的基础上，下半年成为"教育大脑＋智慧学校"多跨应用落地社区的全省试点。

目前"我的家园"鸡鸣山未来社区服务端涵盖了社区信用分、国际老娘舅、鸡鸣山议事厅、社区预约挂号等共计 15 个应用，其中涉及民生"关键小事"8个。

（二）人工智能、机器翻译等技术

采用 AI 客服、机器翻译等技术，提供 24 小时不间断的在线咨询服务，解决语言障碍问题，提高服务响应速度和质量。

典型案例：义乌 AI"智"愿者入驻防疫专班

"你好，我们这里是江东街道防疫指挥部，根据疫情防控需求给您来电，我们有一份调查问卷推送到您手机上，请马上如实填报您的行程信息，谢谢配合。"2022 年 4 月 25 日下午 2 点至 2 点 46 分，义乌江东街道辖区内的 13267 名市民接到了流调电话。随后，手机里还收到了一份来自防疫指挥部的问卷调查。

给他们打电话的并非真人，而是 AI"智"愿者。这是一个智能系统，融合 5G 消息、AI 语音机器人等功能，社区工作人员只要输入流调人员手机号，后台即会开展自动呼叫、流调问卷推送及信息反馈收集。

流调问卷内有 9 个问题，主要涉及个人信息和行动轨迹。为了避免市民拒接电话，在来电页面上，还专门设置了"江东街道疫情防控指挥部来电"的提醒字样。后台数据显示，这一轮 AI 智能流调，共接通电话 9605 个，接通率 72.4%；流调问卷回收 3962 份，回收率占接通量的 41.2%。

（三）人脸识别、智能安防等技术

部署人脸识别、行为识别等智能监控技术，结合大数据分析，有效预防和应对社区安全问题，保障居民安全。

典型案例：义乌的智慧小区项目

智慧街区是以"人、车、事、组织"为感知对象，通过对感知信息的汇集、分析、处理来提升社区的管理能力和服务水平，满足管理的需要及综治需求。系统通过对前端采集回传的数据进行融合、挖掘，同时提供丰富的可视化界面，为用户情报预警、分析研判等业务应用提供了可靠依据。

7×24 小时的视频监控系统，实时监控社区内部环境，保障社区安全。系统具备视频实时浏览、录像存储、查询回放等功能，同时分配各社区的管理人员相应监控权限，让社区能够通过平台管理街道和小区。

在小区主要出入口抓拍进出人员人脸图像，实时掌握人员的出入情况，实现人员进出管控，小区住户、访客和工作人员可以通过人脸或门禁卡的方式核验进出楼栋。在小区出入口，设立微卡口，用于抓拍记录小区进出车辆信息，并对人车伴随情况进行进一步分析拓展。

（四）绿色能源、垃圾分类等技术

应用智能垃圾分类、能源管理系统等绿色技术，促进社区可持续发展，提升居民环保意识。

典型案例：太阳能充电

义乌不少社区、村居建起了漂亮的公园，增设了七彩廊架、太阳能充电坐凳等设施，方便居民在家门口健身娱乐，其中智能坐凳具备太阳能光伏系统自动蓄电，可支持蓝牙音箱、无线充电、USB 充电等服务，实现一系列智能服务为更多生活场景赋能。

通过这些技术创新，义乌国际化社区不仅提升了治理的现代化水平，还促进了社区治理与居民生活的深度融合，为构建和谐、智能、开放的国际化社区提供了有力支撑。

第五章
国际化社区的治理路径

中国追求的国际化社区不是一般意义上的文化多元化、种族多样性的社区，而是与中国社会主义现代化国家的战略目标相结合，需要继续走改革开放的道路，实现贸易、科研和投资驱动的多元化，中国的决策者和地方政府仍然希望打造真正有利于高端人才聚集的"高质量多元化"社区。中国需要的是稳定和谐的多样性，和谐的宜居社区是实现这一目标的基本条件。

中国的国际化社区显然不会走西方的自由主义和民族分离的治理道路。中国社区建设中的"治理"不是简单的"自发秩序"，也不是纯粹的"多元参与"，而是充分结合了中国特色社会主义最本质的特征——中国共产党的领导。充分发挥党的领导的政治优势，从基层安全和谐稳定的最大现实需要和基本发展目标出发，最大限度地发挥社会组织和专业队伍的作用，形成合力，进而转化为社会治理的实际成效。

一、国际化社区治理的政策机制

（一）构建共融共存的国际化社区治理理念

在欧美国家，种族隔离是移民聚居区治理中普遍存在的问题，它导致了不同种族群体与当地群体之间的隔阂和冲突。最明显的问题是美国大都市黑人聚居区的犯罪问题。在崇尚文化多元主义的欧洲，多元化的民族和民族社区也很常见。

中国共产党第二十次全国代表大会报告明确指出，"世界各国弘扬和平、发展、公平、正义、民主、自由的全人类共同价值，促进各国人民相知相亲，尊重世界文明多样性，以文明交流超越文明隔阂、文明互鉴超越文明冲突、文明共存超越文明优越，共同应对各种全球性挑战"。这一文明理念既是支撑中国大国外交的基本理念，也是国际社会治理的基本价值取向。在治理国际社会中，我们应该尊重文明的差异性和多样性，尊重不同民族的固有特点。一方面，以自上而下的党建指导为思想治理的轴心，通过强化居委会、物业、业委会三方联动机制，提升国际化社区的治理效率。另一方面，尊重和维护各民族的文化习俗，为外国人开展多元文化服务，从尊重多元文化主义到促进文化融合，进而构建社区文化共同体。

（二）精准识别国际化社区的族群结构特点

国际化社区的居民关系、组织管理关系、资源配置关系和活动发展关系都不同于地方社区，因此国际化社区治理需要考虑社区民族特征与地方社区治理机制的匹配与协调。只有准确识别民族差异、匹配治理机制和治理结构，才能最大限度地化整为零，最大限度地发挥社区治理优势。根据社会互动和资源活动的程度，有学者将特大城市分为四种类型：高社会互动—高资源活动、高社会互动—低资源活动、低社会互动—高资源活动、低社会互动—低资源活动。日本的民族社区同一性明显，其社区具有高度的民族互动，具有典型的"高社会互动"特征。欧美社区以分散为主，居民之间的交流相对较少，社区成员之间的互动不足，呈现出"低社会互动"的特点。政府主导的社区治理具有较强的资源动员和整合能力，但其缺点是难以有效激发居民参与的积极性。城市社区是一个由陌生人组成的社区，居民之间的互动不足，这也使得社区治理难以发挥积极作用。因此，根据不同社区族群结构的特点，需要整合不同的治理工具，形成有效的社区治理模式。

（三）通过机制创新实现社区的"去行政化"

在中国特色社会主义市场经济条件下，大量资源掌握在政府手中，第三方社会组织力量薄弱，行政模仿性强，社区市场主体——小微企业能力薄弱，受行政权力影响较大。因此，国际化社区的建设不能单靠权力的运作来实施，也不能完全启动市场和社会组织，而需要探索政府信任下的居民、社会组织和市场主体三方共治模式。

首先，构建国际化社区服务代理机制。理顺基层政府与社区的关系，从制度层面规范基层政府与社区的责任和权力界限，通过合同形式形成独立于政府的第三方社会代理人，通过社会代理组织引入和管理社区组织、社区团体等社区市场主体，整合社会资源。社会代理人是由社会组织、居民和市场主体组成的具有代表性的协商机构，由市场组织、社会组织和社区居民三方协商管理社区事务。通过社会代理机制，选择具有较强专业能力的社会组织，对社区居民的需求进行定期和不定期的问卷调查，通过互联网、微博、论坛等多种信息沟通渠道，掌握居民的真实需求，并根据居民的真实需求设立代理服务项目。通过服务项目招标的形式，寻求最优秀的社会组织提供专业服务。

其次，引入独立的第三方评估机构，对社区治理进行专业、权威的评估和监督。这种契约、代理、第三方评估的实践以及法治精神，在国际化社区居民中不难被理解和落实。建立需求—服务—反馈的评价机制，通过对居民生活信息的掌握、服务意见的管理和反馈，达到改善管理服务的目的。同时对接受的服务进行评分，对开展的活动进行评分，对管理和服务方式进行跟踪咨询，从而进一步了解居民的实际需求，满足人性化管理，为社区居民参与社区管理提供合理的渠道。

第三，根据居民的实际需求，在社区当地基层政府的指导下，与出入境管理局、派出所共同建立国际化社区一体化服务治理平台，通过契约约束政府行为，倒逼政府依法行政。建立真正意义上的"市民中心"。受过专业训练的社区组织专门负责本地区外籍人员的管理和服务。多合一的市民中心平台是居民自治与政府共治的结合，既能充分发挥居民的积极性，满足社区居民多样化的服务需求，又能与政府其他职能部门建立沟通合作渠道，共同参与社区工作。构建以社区居民需求为导向、以居民自治为原则的长效治理机制，实现社区居委会、物业管理、社会组织、市场主体、社区相关服务组织在社会代理下的责任共担；建立物业管理部门、政府部门、派出所、社会组织和社区居民代表共同参加的"联席会议"制度，讨论国际社区事务，协商决策。

二、国际化社区治理的资源整合

国际化社区不仅是居民居住的地方，也是人才聚集的舞台。国际社区是一个龙隐虎现、人才济济的大家庭。因此，要实现国际化社区有效治理，就必须善于挖掘社区自身资源，建立和完善社区资源共享机制，利用社会资本加强社区居民的参与，最终追求政府与社区主体共同治理的社区善治模式。一方面，发掘居民自身的社会资源，引导资源共享。合理利用社区自身资源，不浪费社区资源，使资源的效用最大化，满足社区居民的发展需求。这不仅能盘活大量沉淀在社区的静态社会资本，也能增强社区居民的情感，使社区资源成为社区发展的内部平台，同时，随着社区资源的流动，资源本身也可以增值。另一方面，最大限度地调动国际化社区居民参与社区管理的积极性。可以从外籍居民中招募志愿者参与社区管理。

（一）创新资源配置，实现治理优化

国际化社区在居民关系、组织管理、资源配置和活动发展等方面与本地社区存在明显差异。因此，国际化社区治理需要考虑社区族群特征与本土化社区治理机制的匹配与协调。在政府的领导下，有效整合社区内的人力资源、

物力资源、教育资源、文化资源和财力资源，开展多元化的社区文化和服务活动。只有准确识别族群差异、匹配治理机制和治理结构，才能最大限度地发挥社区治理的优势。

（二）完善服务设施，优化双语服务

以"最小化办公空间，最大化服务空间"为原则，对社区服务空间进行改造升级。通过开放服务、欢迎服务和引导服务"三位一体"的工作方式，提高国际化社区的服务质量。建设文体场馆，充分融入公益、文化、教育、法治、卫生、养老等要素，推动社区基本公共服务便捷共享，不断提高外籍居民居住的舒适度、便利性和安全性。通过完善双语功能引导标志，采购多功能翻译，编写双语服务指南，不断提升国际化、便捷化、精准化的服务能力。

（三）实施成长计划，提升人员效能

实施"国际化社区伙伴成长计划"，邀请理论专家、实践专家、社会专业团队、社区协调指导员等，为社区解决问题提供专业、系统的指导。其中，理论专家团队由高校和科研机构人员组成，主要负责理论指导；实践专家组由优秀的社区支部书记、居委会主任组成，主要负责传授实践经验；社会专业团队由专业的社会组织组成，主要参与社区项目的规划、设计和实施。

通过专家组驻地指导和结对帮扶，协助社区工作者开展国际居民访问和交流活动，促进社区服务专业化、国际化。通过鼓励社区工作者参加全国社会工作者资格证书考试，对社区工作者进行线上线下培训，提高他们的跨文化双语交际能力、法律法规的应用能力、涉外活动的策划能力。

三、国际化社区治理的组织发展

结合上述分析，中国正在形成一条相对有效的国际化社区治理路径。一

方面，国际化社区被视为党的基层组织建设不可回避的新社会空间，是探索如何更好发挥基层党组织政治核心和政治领导作用的试验田——探索执政党如何在更复杂、更多元的社区中实现政治领导和控制能力；另一方面，以国际化社区建设为契机，大规模运用社会力量和专业社会工作者管理基层社会，改革党的基层社区和复杂社会的权力运作模式。改革经验表明，通过混合上述两种要素和路径，中国决策者致力于将执政党的组织建设和能力建设与专业化治理和广泛的社会协同治理相结合，从而突破原有的"一元化"政府管理和社会多元自发治理两种极端情况和治理模式。

（一）党建引领的协同共治组织

充分发挥党的政治优势和组织优势，着力抓好社区治理水平、制度规则和组织形式创新，将党的政治优势与广泛的专业组织和前沿的治理技术相结合。政府应该在社会组织之间架起桥梁，帮助社会组织获得更多的资源，确保长期可持续盈利，增强其可持续发展的能力。建立以社区党委为领导、由多个各级共建单位和党组织组成的党建联盟，充分发挥公安民警、行政执法、市场监管、交通安全四大平台的下沉力量，将执法人员纳入社区兼职成员，设立联合工作站，建立"社区吹哨、部门报到"的工作机制。社区下设管理服务自治委员会、安全与综合治理自治委员会、环境与物业自治委员会、文化与健康自治委员会、中外居民自治委员会、民族团结自治委员会，将分散在国际化社区的资源集中到党群服务中心。

呼吁外籍居民通过社区志愿团体、社区自组织或社区俱乐部等形式参与社区服务和治理，以增强他们的社区认同感，协助社区治理。建议成立"中外居民居家自治委员会"，吸引外籍居民参与涉外纠纷调解、治安巡逻、政策宣传等工作，形成"以外调外"新模式。此外，通过协商知识的培训、政策的普及和政府职能的介绍，提高外籍居民的协商议政能力，促进国际化社区的自主融合。

（二）付费购买社会化服务组织

改革开放以来，我国社会组织稳步发展，秉持公益性、公共性和非营利性原则，在教育科技、健康卫生、文化体育、社会福利、社会治理等公共服务领域发挥了重要作用，已成为社会治理和社会事业的重要主体。充分发挥社会组织在公共服务供给中的独特功能和积极作用，有利于加快转变政府职能，创新公共服务供给方式，提高公共服务供给水平和效率；有利于培育和引导社会组织，加快形成政社分开、权责明确、依法自治的现代社会组织体制；有利于推动整合利用社会资源，增强公众参与意识，激发社会发展活力。建议政府推动建立多元化筹资机制，鼓励通过政府购买服务、公益创投、社会支持等多种渠道支持社区社会组织培育发展。健全政府购买社区服务机制，支持各地加大向社区社会组织购买社区服务的力度。通过购买服务、委托项目等方式，提升社区社会组织参与提供健康、养老、育幼等社区服务的能力。

（三）多方参与的志愿服务组织

社区应高度重视志愿服务队伍建设，通过建立志愿服务工作站、招募志愿者、培训志愿者等措施，不断壮大志愿服务队伍。积极引导各类社会力量参与志愿服务，形成以街道为龙头、社区为基础、各类志愿服务组织为补充的志愿服务网络。国际化社区应以包容、开放的胸怀欢迎外籍志愿者，组织他们参加各类活动。通过制定志愿服务活动计划，明确活动目标、内容和时间表，确保活动有序进行。同时，建立志愿服务积分制度，对志愿者的服务时长和服务质量进行记录和评估，以此激励更多人参与志愿服务，形成了良好的志愿服务氛围。

四、国际化社区治理的公众参与

社区治理将社区视为各种组织实现其组织目标的行动领域。在这一行动领域，政府组织与其他组织将不再是简单的管理与被管理关系，而是通过建立合作关系来实现社会的公共目标。许多经验表明，依靠政府的行政手段来解决社区公共事务往往不仅大大增加了政府的负担，而且会导致政府在实际管理中效率低下甚至无效，因为无法灵活及时地应对社区的各种复杂情况。因此，社区治理的概念意味着，如果政府想要实现其社区管理的目标，就必须信任、支持和配合当地社区的各种组织，特别是强调自力更生的第三域组织。为此，必须加强制度创新，完善公众参与机制，打破制度障碍，不断推进国际社会治理新格局的构建[①]。

（一）充分激发公民参与意识

在完善公众参与机制方面，最根本的表现是公民对国际化社区的认同感和归属感，而增强公民对国际化社区的认同感和归属感最直接的途径是多样化的社区服务。目前，中国许多社区的公民参与热情不高，很多人将其归因于公民素质参差不齐、参与意识不强。事实上，问题在于社区服务的单一性。毫无疑问，公民的素质参差不齐是客观原因，但作为服务提供者，社区应该为不同的人群提供不同的服务。不同国家和地区的人们对社区有着不同的需求，有些人更关注社区文化、政治生活或一些绿化环境的建设，而其他群体的人可能并不知道什么是社区和公民参与，所以对于这部分公民来说，社区更多的是为他们提供一种学习和教育的服务，比如建立社区学校，通过这种方式来提高社区公民的素质。这样，通过多种手段增强社区公民对国际化社区的认可度和归属感，从而从内部激发公众参与意识。

（二）积极拓宽公民参与渠道

完善现有居民代表会议等参与制度，通过定期召开代表社区居民的会议，

---

① 刘中起.国际化社区治理进程中的公众参与及其路径选择——一项来自 S 市 B 社区的案例研究［J］.中共浙江省委党校学报，2010，26（5）：49-54.

行使民主决策权、民主管理权、民主监督权，决定社区重大事务。同时，积极拓宽居民参与的渠道和方式，如建立听证、协调委员会和协商理事会制度，制定社区自治条例和居民公约，实施居民公投等。确定社区中主要组织之间的相互关系，即以社区党支部为领导，以社区居民会议（或社区居民代表大会）为权力层，以社区协商委员会为监督层，以社区居民委员会为执行层，形成结构优化、功能完善的组织体系，为新型居委会的建设及工作的开展创造良好条件。同时，也为广大社区居民广泛、持久地参与社区建设提供良好的制度环境。为充分发挥社区居民会议（或社区居民代表大会）的作用，应当召开社区居民会议（或社区居民代表大会），就涉及社区居民切身利益的社区建设和重大社区事务作出决定，并由社区全体居民按照法定程序作出决定。逐步实现社区建设和社区事务管理的规范化、制度化。此外，现行人民代表大会制度与社区建设要衔接协调。比如，改变目前城市人大代表的产生办法，取消单位选区、国籍选区和户籍选区，全部以常住户口为选民选区；完善居委会选举程序，对动员新型居委会建设，培养社区居民的民主意识、社区意识和参与意识具有重要意义。

（三）活动提升文化互融互信

开展丰富多彩的文化活动，搭建文化交流平台。如义乌鸡鸣山社区定期开展"我们的节日""中外邻居节"及国际夏令营、汉字大赛等 60 多个品牌服务项目，建成全国首个外籍人士社区服务中心，设立"家门口孔子学院"，为外籍人士提供免费汉语培训。以文化融合弥合鸿沟，打造国际融合大家庭。

总之，当今我国的国际化社区治理的实践是城市治理不可或缺的重要环节，极大地丰富了中国的基层治理经验，对我国应对未来更具多样性、包容性的国际化城市治理探索有效路径，推动形成更具包容性的城市发展形态具有前瞻性意义，为解决多元化社会治理这一世界性难题提供中国智慧和中国方案。

参考文献

[1] ALLPORT G W. The Nature of Prejudice [J]. Journal of Negro History, 1954, 52 (3): 26.

[2] B.SALAMIA, J.SALMA, K.Hegadoren, et al. Sense of Community Belonging among Immigrants: Perspective of Immigrant Serviceproviders [J].Public Health, 2019 (167): 28-33.

[3] EMILE DURKHEIM. The Elementary Forms of Religious Life [M]. New York: Free Press, 1995:352.

[4] FAIRLIE R W, Meyer B D.Does Immigration Hurt African-American Self-employment? [C] New York: National Bureau of Economic Research Working Paper, 2009: 112-120.

[5] FELIPE A Filomeno. The Potential of Dialogues on Social Identity and Diversity for Immigrant Civic Integration [J]. Evaluation and Program Planning, 2019 (77):1-7.

[6] Ma L J C, Xiang B. Native Place, Migration and the Emergence of Peasant Enclaves in Beijing [J].The China Quarterly, 1998 (155):546-581.

[7] MAHRING M, KEIL M, MONTEALEGRE R. Trojan Actornetworks and Swift Translation: Bringing Actor-network Theory to IT Project Escalation Studies [J]. Information

Technology&People, 2004, 17（2）:210-238.

［8］ PORTES A. TheSocial Origins of the Cuban Enclave Economy of Miami［J］. Sociological Perspectives, 1987, 30（4）:340-372.

［9］ SMITH P. Transnational Urbanism［M］. Malden: Blackwell, 2000:221.

［10］ WILSON W J. The Truly Disadvantaged:The Inner City, the Underclass and Public Policy［M］. Chicago: University of Chicago Press, 1987:22.

［11］ ZHOU M, Logan John R.Returns on Human Capital in Ethnic Enclaves: New York's Chinatown［J］. American Sociological Review, 1989, 54（5）:809-820.

［12］ZHOU M. Revisiting Ethnic Entrepreneurship:Convergences, Controversies, and Conceptual Advancements［J］. International Migration Review, 2004, 38（3）:1040-1074.

［13］塞缪尔·亨廷顿.我们是谁? 美国国家特性面临的挑战［M］.程克雄，译.北京：新华出版社，2005.

［14］陈建.发达国家的公共文化治理模式[J].图书馆论坛, 2019(9):151-157.

［15］陈建胜.来华外国人"居民化"融入：社区组织的角色担当及行动策略——以义乌市 L 社区为例［J］.浙江社会科学，2022（6）：94.

［16］陈开源.国际化社区公共服务合作供给研究——以义乌市 J 社区为例［D］.金华：浙江师范大学，2022.

［17］陈宇鹏.多元族群社会与互嵌型社会的构建——以义乌的实证研究为例［J］.北方民族大学学报（哲学社会科学版），2018（6）：113-118.

［18］代凯.基层社会治理共同体建构路径研究——以德庆县"三信融

合"为例［J］.岭南学刊，2020（5）：25–31.

［19］狄金华，周敏.族群聚居区的经济与社会——对聚居区族群经济理论的检视与反思［J］.社会学研究，2016，31（4）：193–217，246.

［20］董晓晨，易开刚，项玲.族群经济对多元族群社区治理的影响：理论依据与机制分析［J］.商业经济与管理，2024（4）：58–65.

［21］董晓晨.多元族群社会治理共同体的构建路径研究——基于赋能型治理视角［J］.智库理论与实践，2024（4）：77–85.

［22］董晓晨，吕丹.元宇宙视角下媒介变革对多元文化传播的影响［J］.中国广播电视学刊，2022（6）：30–32.

［23］樊鹏.国际化社区治理：专业化社会治理创新的中国方案［J］.新视野，2018（2）：57–63.

［24］樊鹏.社会转型与国家强制：改革时期中国公安警察制度研究［M］.北京：中国社会科学出版社，2017：7–8.

［25］冯怡霏.社会工作介入国际化社区居民融合的探究——以深圳S国际化社区为例［D］.郑州：郑州大学，2015.

［26］高建华，陆昌兴.参与式社会管理与社会自我管理：理论逻辑与实践指向——兼论社会主体视域下社会管理体制的构建［J］.上海行政学院学报，2016，17（2）：13–22.

［27］高晓波.中国特色社会治理共同体的内涵、理论与构建［J］.甘肃社会科学，2021（2）：40–48.

［28］高永久.试析民族社区的内涵［J］.北方民族大学学报，2010（1）：5–11.

［29］郭圣莉，唐秀玲，王宁.分类治理：中国社区双重属性及其实现机制研究［J］.社会科学，2023（11）：99–101.

［30］何得桂，武雪雁.赋能型治理：基层社会治理共同体构建的有效实现方式——以陕西省石泉县社会治理创新实践为例［J］.农业经济问题，2022（6）：134–144.

［31］何俊芳，石欣博.义乌阿拉伯商人的社会融入探究［J］.西北民族研究，2020（3）：128–143.

［32］何扬鸣，郝文琦.从"财富浙商"到"文化浙商"：浙江文化的作用和方向［J］.山东大学学报（哲学社会科学版），2020（3）：33–41.

［33］贺芒，陈彪.文化嵌入视域下的社会治理共同体构建：缘起、模式与路径［J］.东北大学学报（社会科学版），2021（11）：65–72.

［34］华峰.国际化社区的出现与应对［J］.学海，2013（1）：40–45.

［35］黄晓星，李学斌.从"治理文化"到"文化治理"——基于S社区治理实践的考察［J］.南开学报（哲学社会科学版），2023（2）：82–91.

［36］菅强.社会转型视野下国际化社区治理路径探析——以上海市G社区为例［J］.河南社会科学，2013，21（5）：66–68，107.

［37］李春成.包容性治理：善治的一个重要向度［J］.领导科学，2011（19）：4–5.

［38］李东泉，王晨哲，李雪伟.基于行动者网络理论的社区韧性研究：理论框架与应用分析［J］.同济大学学报（社会科学版），2023（10）：60–71.

［39］李慧玲.跨文化的互动与认同——义乌"国际社区"多元文化的考察与思考［J］.广西民族大学学报（哲学社会科学版），2008，30（6）：73–77.

［40］李世敏，吴理财.社区治理的文化转向：一种新的理论视角［J］.理论与改革，2015（1）：119–122.

［41］李忠尚.现代软科学［M］.北京：人民出版社，1991：142，386.

［42］廖静.北非穆斯林移民融入法国社会的类型分析［J］.阿拉伯世界研究，2017（6）：104–119.

[43] 林丹.国际社区建设与移民治理研究 [J].社会建设，2021，8（6）：85-95.

[44] 林移刚，谭霞.社会工作介入国际社区治理的模式与路径研究——以重庆市红岩村社区为例 [J].社会工作与管理，2016，16（6）：49-56.

[45] 刘琛.广州率先试点打造国际化社区，欲提升人才吸引力 [N].广州日报，2020-10-30（A13）.

[46] 刘金林，刘玉倩.文化转译视阈下民族互嵌社区治理策略——基于广西百色S社区易地扶贫搬迁小镇的田野调查 [J].广西民族大学学报（哲学社会科学版），2023（7）：84-90.

[47] 刘莉.治理文化抑或文化治理？——文化治理研究的回顾与展望 [J].浙江社会科学，2016（9）：89-95，159.

[48] 刘培功.新型城镇化视角下边缘社区包容性治理研究 [D].苏州：苏州大学，2018.

[49] 刘淑妍，吕俊延.城市治理新动能：以"微基建"促进社区共同体的成长 [J].社会科学，2021（3）：3-14.

[50] 刘文革，杨志文.我国地方参与人类命运共同体建设的机理与路径——基于义乌案例的分析和启示 [J].浙江学刊，2019（2）：12-17.

[51] 刘亚秋.基层社会治理何以有效——一项对社区在地文化的社会学分析 [J].社会科学辑刊，2023（1）：69-76.

[52] 刘中起.国际化社区治理进程中的公众参与及其路径选择——一项来自S市B社区的案例研究 [J].中共浙江省委党校学报，2010，26（5）：49-54.

[53] 柳建文.邻里社区如何促进族际融合——国际经验及其启示 [J].世界民族，2020（1）：76-86.

[54] 吕红艳，郭定平.中国外来移民小社会治理研究——基于上海、义乌和广州的实证分析 [J].湖北社会科学，2019（9）：38-50，95.

[55] 吕红艳.国家作用边界：国际社区的治理困境与策略分析——基

于上海 G 小区的实证研究［D］.上海：华东理工大学，2013.

［56］马庆钰.共建共治共享社会治理格局的意涵解读［J］.行政管理改革，2018（3）：35-36.

［57］梅灵泉.社区工作对国际化社区融合的介入研究——基于义乌市 JMS 社区融合项目［D］.武汉：华中科技大学，2015.

［58］孟燕，方雷.价值驱动、结构优化与主体赋能：基层治理共同体的建构逻辑［J］.江苏社会科学：2023（2）：1-10.

［59］纽约：智慧城市如何在"算法"与"公平"之间寻求平衡［N］.腾讯研究院网，2020-10.

［60］乔治·M.瓦拉德兹.协商、文化差异与原住民自治［J］.周岑银，译.世界民族，2014（4）：69-74.

［61］切斯特·巴纳德.经理的职能［M］.杜子建，译.北京：北京理工大学出版社，2014：92-102.

［62］申卉.国际社区广州样本 战"疫"中这样炼成［N］.广州日报，2020-05-08（A7）.

［63］宋锐辉，张平.中国城乡社区政策的演进图景与深层反思——基于 1987—2020 年国家层面政策文本的混合分析［J］.智库理论与实践，2022，7（4）：1-15.

［64］孙琦，田鹏.基层社区文化治理体系转型及重建的实践逻辑——基于苏北新型农村社区的实施调查［J］.南京农业大学学报（社会科学版），2022，22（1）：118-127.

［65］王佃利，孙妍.基层社会治理共同体与城市街道的"嵌入式"改革——以青岛市街道办改革为例［J］.公共管理与政策评论，2020（5）：47-57.

［66］王堃，张扩振.西方地方治理中的协商民主制度构架［J］.学术界，2014（6）：70-83，306-307.

［67］王敏，江荣灏，林元城.跨境流动背景下族裔社区研究进展及启

示［J］.人文地理，2020，35（3）：1-9.

［68］王名，李勇，廖鸿，等.日本非营利组织［M］.北京：北京大学出版社，2007：59-75.

［69］王新松，付云翠，杨若辰.以培育社会资本为路径构建城市社区治理共同体：基于国际经验的比较研究［J］.社会治理，2023（6）：108-120.

［70］王永宝，张瑜，安吟雪.义乌多元互嵌式融合社区治理模式研究［J］.天水行政学院学报，2021，22（4）：36-42.

［71］文军，陈雪婧.社区协同治理中的转译实践：模式、困境及其超越——基于行动者网络理论的分析［J］.社会科学，2023（1）：141-152.

［72］吴理财.文化治理的三张面孔［J］.华中师范大学学报（人文社会科学版），2014（1）：58-68.

［73］吴瑞君，吴潇，薛琪薪.跨国移民的社会空间机制及移民治理启示——以浙江义乌的外国移民为考察对象［J］.华东师范大学学报（哲学社会科学版），2022（3）：132-139，187.

［74］吴文藻.人类学社会学研究文集［M］.北京：民族出版社，1990：225.

［75］武艳华，张志华，房子琪.政社互动下国际化社区协商治理的类型化研究—基于南京市四个案例的比较分析［J］.城市问题，2022（1）：95.

［76］习近平.干在实处 走在前列——推进浙江新发展的思考与实践［M］.北京：中共中央党校出版社，2006：187.

［77］习近平.高举中国特色社会主义伟大旗帜 为全面建设社会主义现代化国家而团结奋斗——在中国共产党第二十次全国代表大会上所作的报告［M］.北京：人民出版社，2022：10.

［78］肖华斌，郭妍馨，王玥等.应对高温健康胁迫的社区尺度缓解与适应途径——纽约清凉社区计划的经验与启示［J］.规划师，2022（6）：

151–158.

［79］谢瑶.国际型社区境外人士社会融入的社会工作介入——以无锡新区长江社区为例［D］.南京：南京农业大学，2014.

［80］谢元，张鸿雁.行动者网络理论视角下的乡村治理困境与路径研究——转译与公共性的生成［J］.南京社会科学，2018（3）：70–75.

［81］徐萍.风险社会中的社会治理逻辑与优化路径——基于系统组织理论的视角［J］.东岳论丛，2022，43（8）：161–168.

［82］杨菊华.从隔离、选择融入到融合：流动人口社会融入问题的理论思考［J］.人口研究，2009（1）：17–29.

［83］叶继红，成君.行动者网络理论视角下基层智慧治理的逻辑与进路——以苏州市G区"住枫桥"APP为例［J］.中共天津市委党校学报，2022（1）：76–85.

［84］叶良海.社区治理中少数族群权利保护的困境与出路［J］.重庆科技学院学报（社会科学版），2015（1）：39–41.

［85］易华勇，吕立志.文化对国家治理的影响效应实证分析——基于文化价值倾向视角［J］.世界经济与政治论坛，2020（5）：153–172.

［86］余昕红，许春漫.美国公共图书馆构建社区数字记忆的实践与启示——以纽约市皇后区公共图书馆"Queens Memory"项目为例［J］.图书馆学研究，2022（11）：86–93.

［87］郁建兴.社会治理共同体及其建设路径［J］.公共管理评论，2019，1（3）：59–65.

［88］袁方成，耿静.从政府主导到社会主导：城市基层治理单元的再造——以新加坡社区发展为参照［J］.城市观察，2012（6）：124–134.

［89］袁方成.国家治理与社会成长：中国城市社区治理40年［M］.上海：上海交通大学出版社，2018.

［90］张宏亮.天津国际化社区文化的构建思维透视［J］.特区经济，2012（7）：94–96.

［91］张明媚.协同治理视角下济南市国际化社区治理存在问题及对策研究［D］.济南：山东大学，2021.

［92］张森.寓文于治：文化治理视域下创新社会治理的文化路径［J］.学习与探索，2023（8）：36–41.

［93］张姝泓."寻味广州"促中外融合［N］.广州日报，2023–09–17（A3）.

［94］章程.足不出户办理签证，一站式服务获点赞［N］.广州日报，2020–08–12（A7）.

［95］赵定东，万莺莺.以文化人：文化建设何以推进社区治理能力的现代化转型——基于杭州市下城区武林街道的实践分析［J］.学习论坛，2021（3）：88–95.

［96］赵聚军，齐媛.我国国际社区治理中的外籍居民参与——基于京津三个国际社区的观察［J］.南开学报（哲学社会科学版），2020（3）：27–36.

［97］赵强.城市治理动力机制：行动者网络理论视角［J］.行政论坛，2011（1）：74–77.

［98］赵晔琴.超大城市国际化社区的发展演变与治理路径——以上海的国际化社区发展为例［J］.城市发展研究，2022（8）：135–140.

［99］赵晔琴.族群经济的跨国建构与族群聚居的地方空间生产——基于对浙江省义乌市外籍商人的访谈［J］.浙江学刊，2018（3）：72–81.

［100］周敏，林闽钢.族群资本与美国华人移民社区的转型［J］.社会学研究，2004（3）：36–46.

［101］周敏，王大磊.国际移民创业与族群社区建设——以美国洛杉矶华裔和韩裔经济为例［J］.华侨华人历史研究，2021（2）：1–13.

［102］周敏.社会嵌入视角下国际社区治理困境与对策研究——以桐梓林国际社区为例［D］.成都：电子科技大学，2022.

［103］周敏.唐人街：深具社会经济潜质的华人社区［M］.鲍霭斌，译.北

京：商务印书馆，1995：23.

［104］周膺，吴晶，游路湘.浙江文化：顺应外力促动的递嬗与原创提升［J］.浙江学刊，2015（5）：205-212.

［105］朱华友，李涵，吴樟华.新型全球化背景下义乌市对外贸易方式转型探讨［J］.对外经贸实务，2019（4）：26-29.

［106］祖力亚提·司马义，张雅茜.论社会治理共同体对推进边疆社会治理的意义、本质和实践路径——以新疆多民族地区为例［J］.贵州民族研究，2020，41（11）：69-76.